ASAHI SENSHO
朝日選書 1018

ナショナリズムを陶冶する

ドイツから日本への問い

藤田直央

朝日新聞出版

目次

第四章　フランクフルト　抵抗を学ぶ教育現場

第七章　再びフランクフルト　指導者の決意表明　209

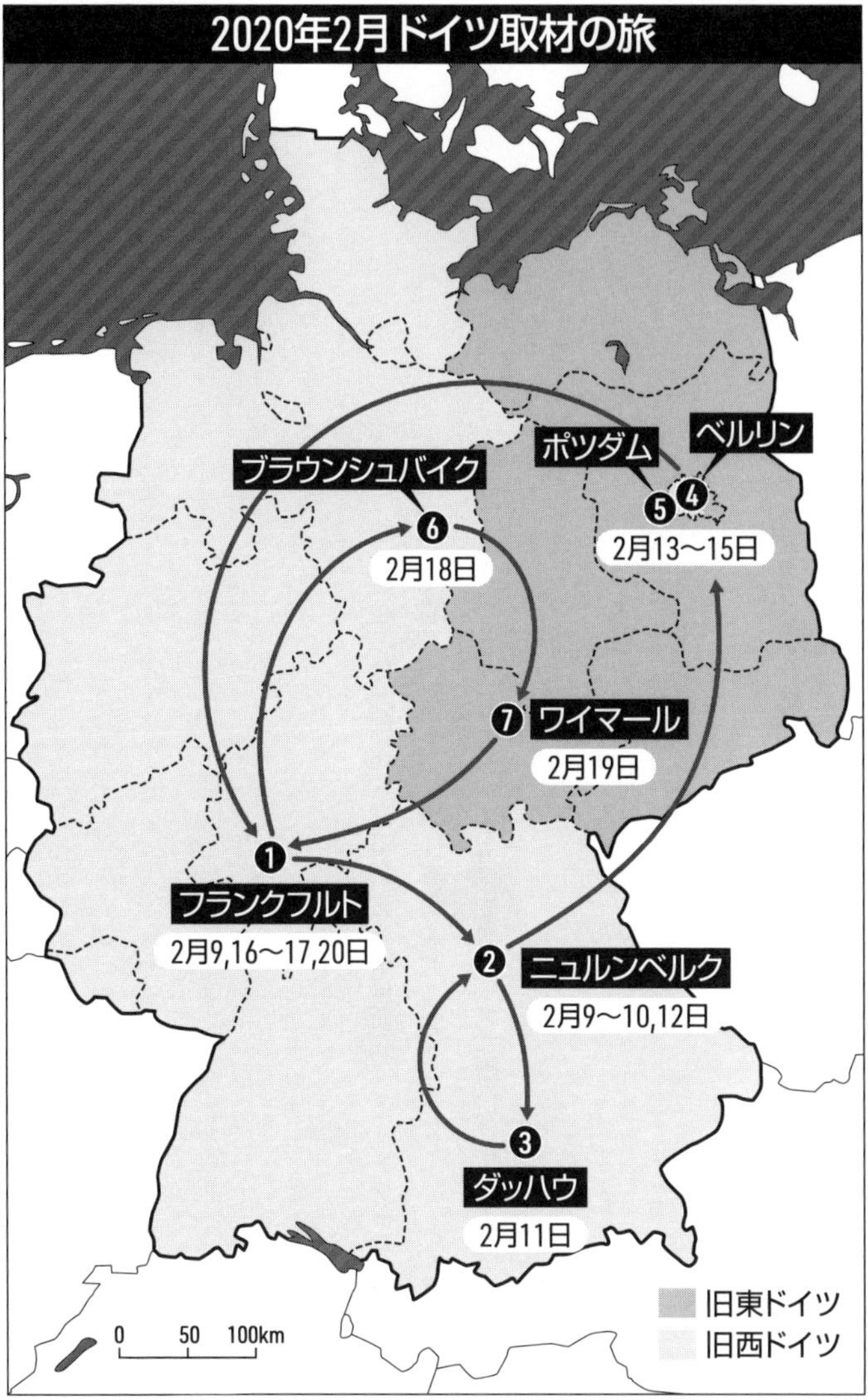
2020年2月ドイツ取材の旅
ブラウンシュバイク
❻ 2月18日
ポツダム
ベルリン
❺❹ 2月13〜15日
❼ ワイマール
2月19日
❶ フランクフルト
2月9,16〜17,20日
❷ ニュルンベルク
2月9〜10,12日
❸ ダッハウ
2月11日
旧東ドイツ
旧西ドイツ
0 50 100km

装幀・地図制作　宮嶋章文（朝日新聞メディアプロダクション）
校閲　朝日新聞メディアプロダクション校閲事業部
（若井田義高、安光貴俊、小林英彦）

ナショナリズムを陶冶する
ドイツから日本への問い

藤田直央 著

プロローグ

日本からドイツへ

「わが国」のことになると、指導者たちは声高になり、国民は喝采を送る。なぜだろう。政治記者として20年以上になる最近、そう思うことが増えた。

典型が米国のトランプ氏だ。２０１６年の大統領選で「アメリカ・ファースト」を繰り返して当選した。どの国の指導者も国際社会のせめぎ合いの中で自国のために腐心しているのに、世界一の経済・軍事大国がことさら自国第一を唱えるのはやぼな話だ。

ところが、そんな身もふたもないトランプ氏が国民にそれなりの支持を得て、20年の大統領選では敗れたが接戦となり、しかも敗北を容易に認めず米国に深い分断を残した。他国にも「○○のトランプ」と呼ばれる似たスタイルの指導者が続々と現れた。

日本も例外ではない。12年に野党自民党の総裁となった安倍晋三氏は「日本を取り戻す」をスローガンに掲げ、衆院選で民主党政権を倒して首相に復帰。閣内に不祥事が続き、言葉は軽く、指導者としての資質を問われ続けた。それでも愛国心を押し出す姿勢がそれなりに支持され、歴代最長政権を享受した。

こうした政治現象はよくポピュリズム（大衆迎合）と呼ばれるが、私には違和感があった。そこにたゆたっているのは、指導者から国民への迎合というよりも、「わが国」を合言葉に指導者と国民の間に生まれる不思議な一体感だからだ。

それは前々から気になっていた、ナショナリズムという鵺《ぬえ》のなせる業ではないのか。そんな思いを強めていた。

ナショナリズムとは何か

ナショナリズムとは何か。トランプ氏や安倍氏が語る愛国心とは似ているようで違う。そこから考えてみたい。

愛国心とは、国民が「わが国」を愛する気持ちだ。

広い意味での郷土愛だと考える人もいるだろう。２０２０年に東京五輪が開かれていれば、各国の人々は自国の選手を応援して盛り上がったことだろう。

その「わが国」とは、そもそも何なのだろう。

いろんないきさつから人類が地球上に線を引き、浮かびあがったモザイク。ただし今ある「わが国」に通じるのは、モザイクのそれぞれのかけらに収まる人々がひとくくりに国民と呼ばれ、主権を持つという形で近現代に世界へ広がった、国民国家という仕組みだ。

18世紀後半の米国の独立戦争やフランス革命が典型で、日本でも明治維新と第2次大戦での敗戦を経て現れた。国民は、古来の「わが国」を愛する人々というよりも、「わが国」をつくる主人公と位置づけられた。

近代以降に生まれたそうした国民国家において、「国民がまとまろうとする気持ちや動き」。通説をふまえて軟らかく言えば、これがナショナリズムだ。

だが、国民国家はいきなり自己矛盾に直面する。国民国家だからこそ可能になった挙国一致の総力戦が、20世紀前半に2度も世界を蹂躙《じゅうりん》し、多くの国を存亡の危機に陥れた。「そもそも国民はなぜ『わが国』のためにまとまるのか」が、深く問われることになった。

米国の政治学者ベネディクト・アンダーソンは1983年の名著『想像の共同体』で、国民(the nation)を、「限られた範囲で主権を持つと想像された政治的共同体」と呼んだ。そして、その国民をまとめる想像力としてナショナリズムをとらえ、「この限られた想像力のために、2世紀の間に何百万もの人々が殺し合い、死を選んだ。なぜか」と問うた。

そうした反省から国際連合が45年に発足。各国の独立と共存を前提に、人権や自由、平和といった普遍的な理念の実現を掲げ、ほぼすべての国が加わることになる。各国では教育制度やメディアが発達し、国民の間で知識や経験の共有が進んだ。

国民国家は互いを尊重することを学びつつ、リアルに成長した。アンダーソンが言う「想像の共同体」ゆえに暴走する恐れは、すでに過去のものになったようにも思える。

ところが昨今、最初に述べたように、国民をまとめる立場の指導者が「わが国」を連呼し、国民の喝采を浴びる。国民をまとめるには理念などいらず、愛国心を高揚させれば十分。そう言わんばかりの、国民国家からの退行と言える現象が起きている。

理念なきナショナリズムは排外主義へ傾きがちだ。移民国家として発展してきた米国や、中東などからの難民で統合が揺らぐ欧州各国で政権を揺るがす。この島国の日本でも、少子高齢化への不安や中国、北朝鮮との緊張関係などから、内向きのとげとげしさが募る。

近代に生まれ世界に広がった国民国家と、そこにまとまりを与える想像力としてのナショナリズムは不可分だ。その「想像の共同体」が暴走せぬよう、目指す理念をどう取り戻すか。陶芸家がろくろを回し作品を仕上げていく様から転じて、個人の人格形成に陶冶《とうや》という言葉が使われる。まさにナショナリズムを国民国家においてどう陶冶するかが、いま指導者にも、国民自身にも問われている。

生前譲位が問うた「日本とは」

そんな思いをめぐらせていた私をナショナリズムの取材へと突き動かしたのは、日本での生前の皇位継承だった。２０１６年の天皇陛下（今の上皇陛下）の「おことば」に端を発するこの事件は、日本国民にとって二つの意味で重いものだった。

まず、日本が明治に天皇を中心とするひとかたまりの近代国家となり、国民という存在が現れてから、初の生前の譲位であること。もう一つは、戦後にその国民が主権者となって以来、天皇が「日本国と日本国民統合の象徴」であり続けてきたことにおいてだ。

80歳を超えた平成の天皇は、「象徴の務めを果たしていくことが難しくなるのでは」と述べ、あえて国民に生前の譲位への理解を求めた。自身が象徴すべく力を尽くし、いま後世へ託そうとする国民国家の姿とはこれでいいのか。そんな問いとして重く響いた。

平成の天皇は30年余の在位を通じ、旅を重ねた。太平洋の激戦地にまで赴いて戦没者を慰霊し、自然災害の現場で打ちひしがれる被災者を慰問した。天皇の政治的行為を禁じた戦後憲法には定めのない行為だ。そこに、平成の天皇の執念を感じた。

天皇の存在は、明治維新で国体として自明とされた「万世一系」の統治者から、戦後に主権者となった国民の象徴へと変わっている。天皇は国民をまとめるのではなく、国民がまとまる象徴としてどうあるべきかを探り続けねばならなくなった。

平成の天皇が「象徴の務めを果たしていく」ために、自らに課した旅。それは、19世紀後半にユーラシア大陸東端の島々を画した近代国家・日本において、国民がまとまろうとする気持ちや動き、つまりナショナリズムを探り、体現しようとする旅だった。

生前の譲位は、その「象徴の務め」に対する総括を国民に委ねる形で、天皇が象徴する日本とは何かを問うたのだ。私はそれに答えたいと思った。戦後に主権者としてナショナリズムを陶冶する責任を担った、国民の一人として。

平成の天皇の旅の終わりに、私はナショナリズムを探る旅を始めた。

姜尚中さんと歩く皇居

2019年、私はまず国内を歩き、日本とは何かを考える記事を書いた。

幕末に「国体」を考え抜いた思想家・吉田松陰の故郷、山口・萩。日露戦争での勝利の高揚と賠償への不満から「国民」の暴動が起きた東京・日比谷。日本復帰後も米軍基地が集中し続ける沖縄。古代からの皇室との縁と、いま日韓が領有権を争う竹島を抱える島根・隠岐――。激しく揺れた日本の近現代史を反芻《はんすう》することはできた。だが、国民をまとめる理念として何が紡がれてきたのかは、なお茫漠としていた。

皇位継承を2カ月後に控えた19年3月初め、皇居を歩いた。ど真ん中の場所で何かヒントをいただければと、姜尚中《カンサンジュン》・東京大学名誉教授に同行を願い、快く応じていただいた。

姜さんは在日コリアン二世として、近代国家としての日本と天皇制を内と外から見つめてきた。18年のご著書にこうあった。「ナショナリズムが、平成天皇の『生前退位』という思ってもみない『事件』を通じて、改めて日本の国、そして国民の重大な関心事として浮かび上がろうとしている」(『ナショナリズム』講談社学術文庫)。

小雨のなか東京駅で待ち合わせ、一般参観の人たちと桔梗《ききよう》門から皇居に入った。濠の向こうにそびえる丸の内のビル街を背に少し歩くと、石垣や櫓《やぐら》といった江戸城の遺構が現れる。建築に熊本藩も協力したというガイドの説明に、熊本出身の姜さんの表情が緩む。

そこを抜けると洋風の宮内庁庁舎がある。「江戸城をうまく使っていますね。将軍の居城に天皇が京都から移った。幕藩体制を踏み台に近代国家ができたことを知らしめている」

話しながら坂を上ると、宮殿が現れた。和風の平たい造りが、姜さんには意外だった。「もっと仰々しいかと思っていたら、シンプルですね。パレスだけど装飾がない」

宮殿は1945年に空襲の飛び火で焼け、68年に再建。天皇は新年と誕生日の一般参賀でガ

筆者と皇居を見学した姜尚中・東京大学名誉教授＝2019年3月、東京

ラス張りのベランダに臨んでは、宮殿東側の「東庭」で日の丸を振る国民に応えてきた。

「天皇は、戦前は現人神《あらひとがみ》でした。戦後は国民に寄り添いつつ権威を保つという距離感をどう作るか、大変だったでしょう」

宮殿東庭の石畳に、馬車の蹄《ひづめ》の音が静かに響く。この日はちょうど、ブラジルとナミビアから着任した2人の大使が宮殿を訪れ、天皇に信任状を捧呈する日だった。それぞれが皇室用の馬車に乗り、正門との間を行き来する様子が見られた。

「外国の大使の接受」は、戦後憲法で象徴となった天皇の国事行為の一つだ。平成の天皇が宮殿の奥で「国家としての厳かさ」（姜さん）を担い、2人の大使から信任状を受け取る姿を思った。

東庭から正門に向かう途中に二重橋があり、

渡ったところで参観の一行は折り返す。江戸城の遺構に戻ると、姜さんは「やはり江戸城をうまく使ってますね」と感じ入り、語り始めた。

「江戸時代に日本の周辺部にあった雄藩による倒幕の後で、明治国家を作らないといけなかった。それまで数百年寸断されてきた中央と地方を混ぜ合わせる。そして、『士農工商』をシャッフルして『国民』を作らないといけなかった。そこに天皇という存在がフィットした。帝《みかど》をいただく国、帝国になっていった」

「東アジアに迫る欧米列強に対する尊皇攘夷という当初の原理主義は、開国しつつ独立を保つというリアリズムに変わっていった。初代首相となる伊藤博文らが欧米を視察し、近代国家を支える精神的な柱として天皇を据えた。そんな明治国家のあり方に国民が帰依していくようになったのは、日清戦争、そして決定的には日露戦争での勝利でした」

姜さんは、日本が朝鮮半島や中国大陸へ支配を広げる契機となったその二つの戦争に触れ、「戦争がもしなかったら、天皇は現人神にはならなかったと思うんです」と話した。理念ではなく「現人神」に体現された近代国家・日本は国民を総動員し、太平洋戦争で敗れた。

近代国家に安全装置はない

1時間ほどの参観を終え、桔梗門から皇居を出る。敗戦により象徴となった昭和天皇が逝去して30年余。その息子から孫へ、皇位が継がれようとしていた。砂利が均《なら》された皇居前広場の端を歩きながら、私は「今回の譲位で、何が継がれるのでしょう」と問うてみた。

「象徴天皇制でしょう」と姜さんは答えた。「軍服を着ないで天皇になられたのは、平成が初めてですから」

戦後憲法で天皇は、先に垣間見た「外国の大使の接受」のような国事行為だけをすると定められた。ただし昭和天皇は、それまで統治者として君臨してきた存在感を戦後も宿した。

一方、その長男である平成の天皇は1989年に即位した時から「象徴」だった。高齢となり、2016年の「おことば」に譲位の望みをにじませた際の「日本の皇室がいかに生き生きと社会に内在するか」という発言に、姜さんは驚いたという。

「象徴としてあり続けるためには、存在しているだけでなく、行動していかないといけない。だから（平成の）今上天皇は被災者の慰問や戦没者の慰霊へ足を運んだ。地べたに降りないといけない。象徴天皇制は、平成になって本格的に作られたということじゃないか」

政治学者の姜さんは、そんな日本の象徴天皇制に「プラスの面」を見る。

「グローバル化時代のキーワードは分断です。象徴と権力を大統領が一身に背負う韓国や米国では、政治のスイングがすごく激しい。でも日本だと、社会の分断に権力（政治）が直面しても、社会の統合が象徴（天皇）によって行われているという安心感があるんです」

「安心感」という言葉に、私はひっかかった。憲法上の国事行為の枠外で「行動していく象徴天皇」は、今後も日本に安定をもたらし続けられるだろうか。

皇太子殿下（今の天皇陛下）は、皇位継承を控えた19年2月の記者会見で、「その時代時代で新しい風が吹くように、皇室のあり方もその時代時代によって変わってくる」と語っていた。それがうまく回り続ける保証があるのかという疑問だった。

「最後は国民次第なんです」と、姜さんはボールを投げ返してきた。

「天皇と国民は合わせ鏡です。だから新元号での世替わりに、天皇を奉って過剰な期待を持ったり、逆に過小評価したりするのはそぐわない。国民がどういう意思を持って象徴天皇にあるべき姿を与えていくかが、一番大切なんじゃないかな」

姜さんは最後に、ぐっと掘り下げた。

「国民という存在から成り立つ近代国家に、そもそも安全装置はないんですよ」

近代国家としての日本は天皇を統治者として始まり、敗戦で国民主権・象徴天皇という姿にがらりと変わった。だが仕組みがどうあれ、暴走を防ぐ「安全装置」は内蔵されていない。国民が主権者となった今は、国民がまとまろうとするナショナリズムを導き、陶冶する理念を、国民自身が探るしかない。

平成の天皇は、象徴天皇制において国民と「合わせ鏡」であり、その理念を体現しようと探った。皇位は世襲と憲法には書かれてはいるが、そうした模索もあわせて継いでいいのか。それが生前の譲位を通じた、主権者たる国民への問いだったのだろう。

ナショナリズムとは何かを考える入り口へと、姜さんは私を運んでくれた。注視して迎えた

2019年5月の皇位継承は、しかし、肩すかしに終わってしまった。「新元号での世替わり」をめぐる一連の行事は華やかだった。だが、天皇に象徴される日本国民の間で、私たちの何が平成から令和へと継がれるべきかという論議は深まらなかった。

7月下旬、東京都心の喫茶店で再会した姜さんは浮かない顔だった。「空虚ですね。上皇(となった平成の天皇)の問題提起がスルーされた感じです」。秋には新天皇の即位の儀式が古式ゆかしく行われ、パレードに沿道の人々はスマホをかざし、セレモニーは終わった。日本で何十年に一度という皇位継承で、国民の愛国心は高まったかもしれない。だが、ナショナリズムを陶冶するという意識は高まったのだろうか。閉塞感と、なお為体《えたい》のしれない日本のナショナリズムを相対化する視点を得たいという気持ちが交錯した。海外を取材したいと強く思った。浮かんだのが、ドイツだった。

近現代史が相似の国、ドイツへ

なぜドイツなのか。まず、近代の申し子であるナショナリズムについて日本と他国を比べるなら、近現代史が相似である国がわかりやすいと考えた。

かつて小国が割拠し、ひとまとまりの近代国家として列強の中では後発ながら、急速に発展——。ドイツは日本とこうした点で近いだけでなく、明治憲法にドイツ帝国(1871~1918)の憲法が影響を与え、第2次大戦では同盟を組んで米英と戦うなど、直接の交わりもある。

だが何よりも、周辺国への侵略と敗戦を経た国家再建という共通点だ。国民はどう総括し、新たに何を目指してまとまろうとしたのか。そして今どんな課題に直面しているのか。ナショナリズムをめぐるそうした問題意識を共有できる人々が、ドイツにいるはずだと考えた。

ドイツのナショナリズムに分け入れば、巨大な闇に直面することはもちろんわかっていた。ナチズムだ。「一つの民族、一つの帝国、一人の指導者」を掲げて理想の国家を追い、ユダヤ人だけで600万人が犠牲になったというホロコースト（大量虐殺）を引き起こした。

しかし避けては通れない。「国民」を選別し、人権を蹂躙したその狂気への透徹した批判こそが、戦後ドイツを導く理念の中核をなしたからだ。そして、その揺らぎも気がかりだった。冷戦下の東西分断を経た再統一から30年、戦後の理念を重んじ中東から大量の難民を受け入れた現政権を、新興右翼が批判して勢いづいていた。

日本でも、戦後の土台をなした憲法の改正を掲げる安倍首相が現れ、その理念はあいまいながら愛国心は顕著

国立ドイツ歴史博物館のヒトラー像＝ベルリン

だった。かつて侵略した中国や、植民地支配をした朝鮮半島の国々との関係が今世紀に入り再び悪化する中で、「わが国」はどこへ向かうのか。

ドイツでも日本でも、理念なきナショナリズムの温床が広がり、それを国民自身がいかに陶冶するかが問われている。隣の芝生を青く描くのではなく、ドイツを直視しようと考えた。ナショナリズムが最悪の形で現れたナチズムと向き合い続ける葛藤も含めてだ。

2020年2月、私は羽田空港を発った。世界に新型コロナウイルスの感染が広がる少し前の、貴重な日常の中での旅となった。

第一章

ニュルンベルク

プロパガンダを刻む古都

歴史に唐突に現れたナチズム
旅の始まり

2月9日早朝、フランクフルト国際空港に着き、ローカル線で数駅のフランクフルト中央駅へ。寒いホームでベンチコートにくるまり特急を待つ。この旅で頻繁に使うことになる、日本のJRにあたるドイツ鉄道で、まずニュルンベルクを目指す。

1930年代、独裁政権を握ったナチス（国家社会主義ドイツ労働者党）はニュルンベルクで毎年党大会を開き、全国から数十万の人々を集めた。この都市がかつて欧州に版図を広げた神聖ローマ帝国以来の古都だからだ。ナチスは支配下のドイツを、史上3番目の「第三帝国」になぞらえた。

「一つの民族、一つの帝国、一人の指導者」を掲げたナチスがもたらした戦争と人権蹂躙《じゅうりん》の跡をたどり、これから各地を訪れる。そのプロパガンダ（宣伝誘導）の象徴が盛大な党大会だった。負の遺産を、ニュルンベルクはどう受け継いでいるのか。

特急は時速100キロ前後で、緩やかな起伏を静かに進む。北海道のような白樺の林や牧草地が車窓を流れ、時折、風力発電の巨大なプロペラが繰り返し現れる。東日本大震災を機に脱原発を掲げた国らしい。2時間ほどで午前中にニュルンベルク中央駅に着いた。

郊外にはナチス党大会の巨大な遺構がある。その取材は翌日だった。順調に駅近くのホテルにたどり着いたので、荷物を預け、城郭都市の趣が残る中心街へ。「ドイツ語圏の文化史の博物館として最大」というゲルマン国立博物館へ向かう。

ゲルマン国立博物館へ

例えば「日本のナショナリズムを取材する」という外国のジャーナリストが、第2次大戦に関する戦跡や史料館だけ見て回ったと聞けば、私は鼻白むだろう。ドイツのナショナリズムを取材する私自身が、できるだけそうならないようにしたかった。

ナショナリズムは近現代の産物だが、近代国家が「国民」を育むために必要な歴史は近代以前に遡る。歴史がどう語られるかはその国のナショナリズムの理解に欠かせない。だから、古都に置かれたこの博物館で、広くドイツの歴史に触れておきたかった。

車や路面電車が行き交うニュルンベルク中央駅前の通りに沿って堀があり、石橋を渡って城壁のトンネルをくぐる。歩いて数分で、ゲルマン国立博物館のモダンな建物が現れた。ちょうど日曜で、年配者や小中学生ぐらいの団体客で賑わっていた。

時系列で最初に現れる古代の展示は、日本の縄文・弥生時代のようだった。土器、青銅器、色とりどりの小石をつなぐ首飾り、高床式の建物の模型——。

だが、ゲルマン民族大移動の説明を経て中世へ移ると、聖母やキリストの磔刑《たっけい》の像と絵に代

城郭都市の趣を残すニュルンベルク中心街

表される宗教色の強い展示に圧倒された。扉を押して進み、かつての教会の建物を生かした展示空間が広がると、タイムスリップ感にとらわれた。

今のドイツよりひとまわり大きかった神聖ローマ帝国は、カトリックの頂点であるローマ教皇と深く結びついていた。その権威を否定し宗教改革を率いたルターも生まれた。フランクフルトからの車窓に見たばかりの、どの小さな街も教会の尖塔を抱く風景に重なった。

別棟へ移ると、中世の騎士の槍、盾、甲冑や鉄砲が並ぶ。これは日本で言えば戦国時代だが、銃はさすがに先を行っていると思いながら、近現代のコーナーへ。いよいよ近代国家が生まれ、ナチズムへと暴走する時代だ。どんな展示だろうと階段を上っていく。

並んでいたのは、ほぼ絵画だった。拍子抜けしたが、それでも「国家社会主義（ナチズム）の下での芸術」というコーナーがあった。ドイツ語と並ぶ英語の説明にこうある。

「1937年から44年まで、ミュンヘンで大ドイツ芸術展が開かれた。ヒトラーはそこで『芸術の家』のために作品を買い、一部がここに展示されている。母国の理想的な神話と理想的な『アーリア』の女性に敬意を払った作品は、同時に反ユダヤ主義的な言い回しでユダヤ人を誹謗している。民族国家主義者の理想は社会を教育することだった。一方、国際的で現代的な作品は退廃的だとして没収され、芸術家たちは追いやられた」

ミュンヘンはニュルンベルクからさらに南にある、同じバイエルン州の大都市だ。「芸術の家」は戦後に現代美術館として復活し、今に至る。

「アーリア」とは広くはインド・ヨーロッパ系語族という意味だが、ここでは特殊な意味を持つ。ナチスの指導者となるヒトラーが、ドイツ民族に代表される最も優秀な人種として唱え、人種差別を正当化した。

展示の説明にある2点の油絵が、おぞましさを放つ。一つは腰掛ける「アーリア」の美少女の裸体。もう一つは、「小作農の老夫婦から全財産を奪う契約書にサインさせようとするユダヤ人たち」だ。「この絵は、市民権と人種に関するニュルンベルク法を通じたユダヤの人々に対する政治的差別をよこしまに正当化している」と説明されていた。

広々とした博物館の一隅でこの展示を前にして、私は深く惑い、考え込んだ。ここに至るまでに示された古代以来の歴史からすれば、ナチズムの登場はいかにも唐突だ。ドイツが近代国家としてまとまろうとする過程で、なぜこのような闇が生まれたのか。

「ドイツ語圏の芸術と文化を探求する」というこの博物館は、そうした疑問にまで答えきれる場ではなかった。それはナチズムを避けているのではなく、巨大なドイツ史の一面を現代に示す役割を、この施設なりに果たすということなのだろう。

絵画中心の近現代の展示が第2次大戦後に入ると、空襲や市民の犠牲といった戦争被害を描く作品と、ポップアートが入り交じっていく。こちらは再び、日本の美術館で見るような光景だった。隣の棟には中世からの衣服の移り変わりの展示があった。スタイリッシュなドレスやスーツのマネキンに、ナチスのカーキ色の制服も交じっていた。

早足で巡っても4時間ほどかかった博物館を後にして、石畳の市街を歩く。まだコロナ禍の前で、聖ローレンツ教会がそびえる広場は賑わっていた。ナチス・ドイツの象徴となったこの城郭都市は第2次大戦で連合国軍の空襲により破壊され、再建されて今に至る。堀の石橋をまた渡り、ホテルに戻った。

ゲルマン国立博物館のほんの一隅にあったように、ナチズムはドイツ史の中で20年間ほどの現象に過ぎない。しかし人類に与えた衝撃の大きさから、ドイツでは様々な施設、手法で語り継がれ、ナチズム自体がモザイクのような広がりで現代に示されている。翌日に訪れるナチスの遺構も、その一片だった。

ナチス最大の遺構にあぜん
「第三帝国」プロパガンダの拠点を歩く

ニュルンベルク郊外にあるドゥツェンタイヒ湖を抱く、2キロ四方はある市民公園。そこに、近代国家としての自画像を模索するドイツのナショナリズムが徹底的に動員された、ナチスの最大の遺構がある。

1930年代に独裁政権を握ったナチスが毎年党大会を開き、ヒトラーが十数万の群衆を前に演説をしたツェペリン・フィールド。そして中世の神聖ローマ帝国、近代のドイツ帝国に次ぐ「第三帝国」の象徴として途中まで築かれた「議事堂」だ。

2月10日午前、ドイツ全土を襲った前日からの嵐の影響で路面電車が止まり、私はタクシーで公園へ向かった。巨大な石造りの議事堂でワーナー・フィーデラーさん(61)と落ち合う。中世から栄えたニュルンベルクの歴史をガイドするNPO「みんなの歴史」のメンバーであり、ナチスの遺構に詳しいベテランだ。

青いかっぱを着たフィーデラーさんはファイルブックを開き、1937年のナチス党大会のポスターを示した。「ニュルンベルクは、ヒトラーのプロパガンダにとって完璧な都市だったんだ」。城郭都市ニュルンベルクの上に、ナチスのシンボルのカギ十字と、そこに止まる鷲が

1937年にニュルンベルクで開かれたナチス党大会のポスター＝ガイドのフィーデラーさんの資料より

描かれている。

「ドイツでは鷲は権力の象徴なんだ。ヒトラーは過去の皇帝の後継者として見られようと、神聖ローマの帝国議会が開かれたニュルンベルクで党大会を開き、第三帝国と結びつけようとした」。示されたニュルンベルク周辺の航空写真では、党大会のためナチスが様々な施設を造ろうとした11平方キロの敷地が矢印のような形を帯び、ニュルンベルク市街を指していた。

プロパガンダといえばメディアを悪用するぐらいのイメージだった私は、巨大なテーマパークの空撮を見る思いであぜんとした。「じゃあ行こう」と声をかけられ、議事堂の内側へ向かった。

神ではなくヒトラーへの信仰

１９３９年のドイツによるポーランド侵攻で第２次大戦が始まるとナチスは戦争に傾注し、

党大会は開かれなくなった。それで議事堂の建設も止まったままだ。本来は殿堂のような建物でふさがれるはずだった正面の、建物がU字形に口を開けた所から、中へ歩いていく。

東京ドームほどの空き地を囲んで39メートルの壁がそびえる。ヒトラーが定礎し「巨像」と呼んだこの建物は、外観はローマの円形闘技場を模した。完成すれば高さは今の倍になって天井もでき、党大会に集った5万人の中央の演壇で彼が弁舌を振るうはずだった。

「神ではなくヒトラーへの信仰。クレイジーだろ?」とフィーデラーさんは言う。巨大な施設に人々を集わせ、神秘的な演出で一体感を与える。曇天の下、荒涼とした廃墟から、ナチスのプロパガンダへの執念が伝わってくる。

議事堂を出て、南東へグレート・ストリートを歩く。花崗岩の敷石が並ぶ幅60メートル、長さ2キロの石畳は、SS(親衛隊)や青少年団体ヒトラー・ユーゲントなど、ナチスがドイツ社会に編み込んだ様々な団体によるパレードのために造られた。色違いの正方形の敷石は行進練習の際の目印だった。

歩く方向の先では、40万人収容という世界最大級のゲルマン・スタジアムと、同じぐらいの広さのドイツ軍のためのマーチ・フィールドの建設が計画されたが、やはり戦争で未完に終わった。一番奥にはさらに広大なキャンプ・エリアが造られ、1週間に及ぶ党大会の参加者らがバラックに寝泊まりしたという。「そこが今は巨大な展示場になっていて、国際おもちゃフェアなどが開かれるよ」とフィーデラーさんは話す。

後ろを振り返ると、石畳の先に4本のポールが立ち、その上に横向きに掛かった看板に「ニュルンベルク市民祭り　1826年から」とあった。毎年8~9月に開かれ、移動遊園地も来るという。昔も今も、ナチス時代を除けばこの公園は憩いの場なのだ。

そのずっと先に、ヒトラーがその歴史に与ろうとした古都ニュルンベルクの市街がある。頭の中で時代を交錯させながら、グレート・ストリートを離れ、ドッツェンタイヒ湖沿いに歩いた。湖を挟んで議事堂と向き合う場所に、ツェペリン・フィールドが現れた。

20世紀初めにドイツのツェペリン伯爵が開発した飛行船が着陸したことに名をちなむこの広場に、ナチスは十数万の群衆を集め、メインのグランド・スタンドからヒトラーが演説した。党大会のための建築で、唯一完成にこぎ着けたものだ。

風にページがはためくファイルブックをフィーデラーさんは繰りつつ、当時の写真を示す。演壇から群衆に向けヒトラー式敬礼をするナチスの党幹部。カギ十字の旗が並び立ち、グランド・スタンドの上にも巨大なカギ十字が据えられている。

その演壇に立つと、スタンドの前に今はカーレースのコースにもなる舗装が広がり、奥に戦後はロックコンサートにも使われてきた運動場がある。後ろのスタンドを仰ぐと、その上にカギ十字の構築物はない。第2次大戦でドイツが降伏した1945年、米軍が爆破した。

亡霊がいるようだ

「風が強い。中へ入ろう」とフィーデラーさん。「スタンドの下にホールがある。普通は入れないが秘密の鍵を借りてきたよ」。石壁にはまった黒く重い金属の扉を開け、闇の中へ進む。電気をつけると、神殿のような白い広間と、淡い金色の天井が広がる。「黄金の間」だ。「ここへ来るといつも気持ち悪い。亡霊がいるようだ」とフィーデラーさんは天井を指す。カギ十字を連ねた模様が広がる。ナチスが党大会に招くゲストのための控室だ。ここから別の階段が上に延び、その先の扉から外へ出ると、スタンドの演壇へ降りる階段につながる。

だが、ここをヒトラーは通らなかったとフィーデラーさんはみている。

「ヒトラーはスタンド前に車で乗り付けて、逆に演壇へ階段を上ったからね。それも計算されていた。ツェペリン・フィールドの群衆の中から救世主が現れたように見せようと」

広間の片隅にある物置のような場所に移る。いくつか大きなサーチライトが置かれていた。敵の航空機を探すものだが、ナチスはこれを150基もツェペリン・フィールドを囲むスタンドの上に置き、垂直に空へ向けて光の柱を連ね、〝光の大聖堂〟を演出した。

そばで煉瓦造りがむき出しになった壁に、写真のパネルが並んでいた。「ユダヤ人お断り」といった、戦前の街角でユダヤ人を差別する看板などを撮ったものだ。

実はここで戦後、ナチスのプロパガンダがいかに民主主義社会を歪めたかが展示されていた。

(写真上) ナチスの遺構ツェペリン・フィールドに面したグランド・スタンド
(写真下) グランド・スタンド内の「黄金の間」。ナチス党大会のゲストの控室だった=ニュルンベルク

ただし戦後40年も経った1985年から、この場限りで細々とだ。2001年に議事堂内にナチス党大会記録センターができると、展示はそちらへ大幅に拡張されて引き継がれた。

つまり、ナチス支配の象徴といえるこの地に関心を持つ人が国内外から訪れ、今回の私のように学べる態勢が整ったのは、今世紀に入ってようやくということになる。

なぜそんなに時間がかかったのか。ツェペリン・フィールドから議事堂へとドッツェンタイヒ湖岸を戻りながら、私はフィーデラーさんに尋ねた。それは、戦争に敗れた国が将来へ歩む時、戦前にどう向き合うかという、日本にも通じる難しい問いだろうと思いつつ。

ニュルンベルクに生まれ、この公園で子供の頃に遊び、いまナチズムに向き合う仕事をしているフィーデラーさんの答えは、両親の代から続く葛藤を振り返るものだった。

「忘れなさい」の世代からナチズム直視へ
100歳の母と息子

地元出身のフィーデラーさんは、幼い頃にこの公園で遊んだ1960年代の話から始めた。

ニュルンベルクは、冷戦で東西に分断されたドイツで西側に属した。第2次大戦の空襲で破壊された市街は復興が進んだが、市が所管する公園でナチスの遺構は放置された。

フィーデラーさんは公園にサッカーをしによく訪れた。ツェペリン・フィールドでは駐留米軍の兵士らがアメリカンフットボールをしていた。造りかけの円形闘技場のような廃墟は「議事堂」と呼ばれていたが、何なのかよくわからなかった。

「父に聞くと、『ナチスだ。だいぶ前の話だ。おまえは気にするな』とため息をついた。母にも『昔の話よ。忘れなさい』と言われた。2人とも戦争のことは、本当に話したがらなかった」

そこから、2020年で100歳になる母、マリアさんを中心とした家族の話が始まった。

「母は1920年に生まれ、最初の夫と息子2人、娘1人とケルン（ドイツ西部の大都市）のアパートに住んでいた。第2次大戦で夫と息子2人を失い、家も空襲で壊された。母は戦後に再婚し、ニュルンベルクでさらに3人の子をもうけ、その末っ子が58年生まれの私になる。再婚相手の父は07年生まれで、やはり戦争で負傷していた」

「戦争に翻弄された典型的な家族のストーリーだね。でも母は本当にタフだよ。戦争でほとんどを失っても、6人も産んで100年も生き抜くんだから」

フィーデラーさんはガイドとして、プライベートな話をすることにも慣れているようだった。気さくさに甘え、私は突っ込んで聞いてみた。今回のドイツ取材に備えてかじっていた、ナチズムに対する市民の「無抵抗」の問題だ。

「ご両親は、ナチスの台頭に抵抗しなかった罪の意識ゆえに、戦争のことを話したがらなかったのでしょうか」

フィーデラーさんは「両親はナチスの支持者ではなかった」と言った後、悩ましげに語った。

「罪の意識のことはわからない。あの世代の人たちはみな言うんだ。『私たちは犠牲者だ。一握りのグループがドイツ全体をミスリードした』とね」

「あの世代の人たち」に対する戦後世代のいら立ちは、1970年代に入ると西ドイツを席巻した。過去を直視し、ナチスによる人権蹂躙を当時の市民らの姿勢も含めて明らかにしようという動きが広がった。世代交代が進む中、ナチス時代の大人たちの責任が問われた。

世代交代で「過去の直視を」

70年代後半に地元のエアランゲン・ニュルンベルク大学へ進んだフィーデラーさんは、10代の頃に浸った熱気をこう振り返った。それは、日本の60〜70年代の学生運動に似ているように思えた。

「長髪の若者たちがエスタブリッシュメント（既得権益層）に反抗した。ドイツ全土で『元ナチス』への批判が始まった。SSだったこの人間がどうしてまだ教授なんだ、政治家なんだと突き上げた。教育も過去を直視することを重視するものへと変わっていった」

そうした動きが、この公園にあるナチス党大会の遺構の保存につながる。円形闘技場のような議事堂などが73年に歴史的建造物に指定され、市がナチス時代の史料の整理と展示に乗り出した。フィーデラーさんと先ほど訪れたツェペリン・フィールドはその先駆けだった。

ナチスの遺構「議事堂」とガイドのフィーデラーさん＝ニュルンベルク

かつてヒトラーが群衆を前に演説し、戦争が始まるとドイツ軍の戦車や航空機が置かれたツェペリン・フィールドには、戦後は米軍が駐留し続けた。市民が自由に使えるようになったのは、冷戦終焉後の１９９５年に米軍が撤退してからだ。ただ、ツェペリン・フィールドに面したグランド・スタンドでは85年から、内部の控室でナチスのプロパガンダの危うさを語る展示「魅惑と恐怖」が始まっていた。

議事堂の扱いも戦後、曲折を経た。市が取り壊しや運動競技場への建て替えを検討したこともあったが、ナチスが威信を示そうとしたその巨大さが仇となり、費用がかかり過ぎるため実現しなかった。その後に「過去の直視」の時代に入り、87年にレジャーと買い物の施設にする提案が民間投資家からあったが、市は拒んだ。

そして２００１年、議事堂を活用したナチス党大会記録センターが完成し、グランド・スタンドの展示が大幅に拡張され引き継がれた。市は政府やバイエルン州の支援を得て、議事堂をナチズムを省みる場として再生させることに、世紀をまたいでこぎ着けたのだった。

フィーデラーさんがガイドとして所属するＮＰＯ「みんなの歴史」も80年代にできた。そして、ナチス党大会記録センターができてからは互いに協力して、ナチズムの教訓を学ぼうと国内外からこの地へ訪れる人たちを導いてきた。

強風のなか正午過ぎまで約2時間、広大なナチス党大会の遺構を巡るガイドが終わりかけていた。公園内のドッツェンタイヒ湖を一回りして議事堂へ戻りながら、フィーデラーさんは話した。

「僕らの世代が望んでこのセンターができた。お年寄りにもわかってもらえないかと、『このセンターを見て、皆さんの体験も話してくれませんか』と誘うんだ。でも今でも、『おいおい、なんでだ。忘れた方がいいよ』と言われる」

戦後75年、市をあげてナチス時代の遺構の保存に取り組むようになった古都ニュルンベルクにも、戦前とどう向き合うかをめぐり、世代間のギャップはなお残っていた。

「１００歳になるお母さんは誘わないんですか」と私は尋ねた。

フィーデラーさんは肩をすくめ、言葉を継いだ。「これまでいろいろと誘ったよ。『お母さんは目撃者なんだよ。センターに行けば僕と一緒に貴重な時間が過ごせる』とかね。でも母は『行かない、見たくない、聞きたくない』。それが世代だよ」

フィーデラーさんへの取材は少し寂しい感じで終わったが、母マリアさんとの親子の交流はもちろん今も続いている。私が帰国後の6月上旬、フィーデラーさんは近況をメールで知らせてくれた。コロナ禍でガイドの仕事が激減し、高齢者施設にいるマリアさんとも会えない日々だが、ともに元気だという。

「きょうだいで母に毎日電話をしているけど、施設で一緒に過ごす友人たちと楽しく過ごしているようだよ。逆に私たち子供の方が寂しいかな」

古都がいま示すナチズムへの覚悟
遺構に「党大会記録センター」

1930年代にナチスの党大会が毎年開かれたニュルンベルク郊外の市民公園を巡った後、ナチス党大会記録センターを訪れた。議事堂を活用した施設だ。

第2次大戦で未完となり戦後も放置された議事堂の一部を改築し、2001年にできた。党大会に象徴されるプロパガンダで、ナチスがドイツの戦前の民主主義をいかに麻痺させていったかを学ぶ場になっている。

広いロビーを見渡すと、議事堂の内壁の煉瓦造りと、受付や通路を形づくる鉄筋が交ざり合った構造になっている。「お待たせしました!」と、マルチナ・クリストマイヤー博士(46)が早足で現れた。

クリストマイヤーさんはこのセンターに発足当初から勤め、展示に携わってきた。ロビー奥のカフェで発足の経緯から聞くと、まさにドイツ現代史の写し絵だった。

「戦後、冷戦でドイツは東西に分断され、このニュルンベルクがある西側では1970年代から、新しい世代が父母の世代に疑問を投げかけるようになりました。ナチスの一党独裁を生んだ父母の世代のドイツ社会とは何だったのかと」

「ところが東側では一党独裁が共産主義の下で続きました。冷戦が終わって1990年に再統一されたドイツで、ナチズムと共産主義の二つの独裁の歴史とどう向き合うかが問われた。ニュルンベルクの私たちが果たせる役割は何かも議論されました」

ニュルンベルク市の決断

古都ニュルンベルクの起源としてその名が古文書に最初に現れるのは、神聖ローマ帝国当時に栄えた11世紀半ばだ。そこから950周年を迎えた今世紀初めにかけての議論を経て、市はある方針を打ち出した。

ニュルンベルクの歴史資産を、継承者としての「第三帝国」を語るナチスによって蕩尽《とうじん》されたことも含め、後世に伝えるというものだった。「それで市は、ナチスが欧州最大のプロパガンダショーを開いたこの公園に、このセンターを造ったんです」

つまりこのセンターは、ニュルンベルクがドイツの歴史的教訓としてナチズムと向き合おうと覚悟した場所なのだ。クリストマイヤーさんが紹介したその常設展「魅惑と恐怖」を、カフェでのコーヒー後に見た。

第1次大戦の敗北で帝政が終わったドイツに、初の民主的な憲法に基づくワイマール共和国が生まれた。その民主主義の中で独裁政権を握ったナチスが、プロパガンダでヒトラーをいかに神格化していったかが、センターで語られる。

様々な写真や肖像画、彫刻による偶像化の中でもひときわ目立つのが、ニュルンベルクでの1934年のナチス党大会を描いた映画「意志の勝利」だ。

ヒトラーがタイトルをつけ、女性監督のレニ・リーフェンシュタールに制作を依頼し、戦前はドイツの学校で生徒たちに見せられた。戦後にドイツを占領した連合国軍が上映を禁じたその一部が、あえて映し出される。

ナチスの各団体のパレードに沸くニュルンベルクの人々の様子も紹介される。インタビュー映像では、党大会のころ10代だった女性が当時を振り返っていた。

「総統（ヒトラー）を何回見られるかと、友達と競争しました。宿舎の外から『親愛なる総統、窓からお姿を』と呼びかけたら現れて、ほほえんで手を振ってくれました」

「ニュルンベルク法」についての説明も深い。ユダヤ人を二級市民とし、ドイツ人との結婚を禁じたこの人種差別法を、ナチスは35年の党大会の真っ最中に定めた。33年の全権委任法により、ヒトラーは国会の同意なく法律を作れるようになっていた。

ニュルンベルク法で正当化された「違反者の排除」は、拘束されたユダヤ人などの大虐殺へと発展する。そのエスカレーションを生んだ背景について、展示では反ユダヤ主義がすでにドイツ社会であおられていたことを指摘し、例として当時の新聞や玩具などを紹介していた。

若者に問いかけるナチズムの記録

ロビー奥のカフェでの話に戻す。

クリストマイヤーさんは地元で育ち、近郊のエアランゲン・ニュルンベルク大学へ進み、歴史をいかに教えるかという「歴史教授法」の分野で博士号を取った。

彼女は日本で言えば団塊ジュニア世代で、私と近い。このセンターに勤めることになった彼女の人生について、「世代交代によってナチズムに向き合おうという機運がニュルンベルクでも高まったことが影響したのですか」と聞いてみた。

「少しだけかな。冷戦が終わったころ大学に進んだけど、ほんの子供だったから。でもニュルンベルクは歴史の街なので、高校生の頃からドイツの歴史全体に関心があって、その中でも第三帝国はすごく重要なので興味の中心になりました」

このセンターに勤めたのも偶然だというクリストマイヤーさんは、ナチズムをドイツの歴史の一部として咀嚼《そしゃく》し、冷静に見つめているようだった。

ナチス党大会記録センターでガイドの説明を聞くフランスの生徒たち＝ニュルンベルク

だがそれは決して、自身が携わる展示を時系列で淡々と構成していくという態度ではなかった。「ドイツ史で第三帝国は重要」という意味を、彼女はこう語った。

「自分たちがいま自由であることの大切さは、その自由がどう壊れてしまうか、しかもそれがいかに自分たち次第であるかを理解しないとわからない。私たちの仕事は、第三帝国の過去を単に省みるのでなく、そこから未来を考える大切さを若者に伝えていくことです」

このセンターへの来訪者は年間約30万人。そのうち若者が、国内外の学校からの見学を中心に3分の1を占める。コロナ禍で２０２０年は落ち込んだが、まだ平穏だったころ訪れた私に、クリストマイヤーさんは「若者をこのセンターで敏感化させていきたい」と熱心に語った。

「敏感化」というのは聞き慣れない言葉だった。ドイツ語でsensibilisieren。意識を高めて気づかせるという意味だ。ナチスのプロパガンダを象徴する党大会の実態を、このセンターで後世に伝えていくということだろうかと思った。

だが、クリストマイヤーさんの考えは、そんな紋切り型に収まるものではなかった。

クリストマイヤーさんに「敏感化」の意味を問うと、こう語り出した。

「若者の考えには教育だけでなく、政治や家庭、メディアが大きく影響します。だから、ネオナチ的に『外国人出ていけ』と考える生徒が2時間ここを見ただけで、もうやめますとはならない。それでも、考えるきっかけを与えたいんです」

その話は、後で展示を見ることで腑に落ちた。例えば常設展「魅惑と恐怖」の最初の部屋での、この一帯のナチスの遺構を紹介する映像だ。

若い男女が軽快な音楽に乗り、スケボーで神殿跡のような石畳を走っている。石灰岩でできた白いスタンドの中ほどのところに、黒い扉がある。入ってみると、天井にナチスの「カギ十字」を連ねた金色の模様が広がる。その広間から階段を上って別の扉から外のスタンドへ戻ると、ヒトラーが十数万の群衆を前に訴えた演壇が現れた。

この映像の舞台は、議事堂近くにある別の遺構、ツェペリン・フィールドに面したグランド・スタンド内の黄金の間だ。ナチスが党大会のゲスト用に造ったこのホールを私は直前に訪れ、ナチスのプロパガンダへの執念を感じていた。そしてこの映像には、現在の若者にそうした過去への関心を持ってほしいというセンターの熱意を感じた。

フランスから見学に来た高校生たちがその映像を眺めていた。フランス語を話すガイドに案内され、スマホをかざしながら次の展示へ向かう。引率していた歴史の教師マッサー・ドミニクさん(58)に聞くと、「生徒たちが教室だけでなく現場で学べることはとても大切です」と話した。

センターでは、党大会に臨むヒトラーを美化しドイツ各地の学校で流された当時の映画をあえて教材にするワークショップも開いている。「ネオナチ」と呼ばれる団体の発信や動きも追うよう努めており、それに引きつけた臨時展もあった。

2000～07年にNSU(国家社会主義地下運動)がドイツ各地でトルコ人など10人を射殺した現場を、後にたどった写真展だ。モノクロの写真が時系列で並ぶ広い空間の隅に、タイトル「血だらけの地面」について説明があった。

「ナチスのプロパガンダの標語『血と土』を暗示している。『健全な国家』は人々の団結と郷土の上に築かれるとされ、NSUの犯罪者たちが言及して殺人を正当化した」

寄せ書きのノートにはドイツ語で、「とても恥ずかしい」「大ショック。理解できない」という短い言葉に交じり、「悲しく、考えさせられる。今もこんなことがまだ可能なんて。過去だけをテーマにせず、現代とコンビネーションになっているのがいい」という感想があった。

「敏感化」へのこだわり

クリストマイヤーさんの話に戻る。

若者を「敏感化」するとはどういうことか。そう尋ねると、「若い世代にナチズムへの責任はありません。でも将来には責任があるんです」と語り、続けた。

「過去にドイツの人々がなぜナチスの独裁体制を支えてしまったのか。保身やお金だったのか、本当に将来に展望を抱いたのか、その理由はいろいろでしょうが、ここではそのメカニズムを示しています。そして、同じことを繰り返さないようにする選択の余地が、自分にあると知ってほしいのです」

ナチス党大会記録センターで取材に応じる、展示に携わるクリストマイヤー博士＝ニュルンベルク

展示を見た10代の若者がそこから一足飛びに、将来社会に出る自分が民主主義とどう関わっていくかを考えるようになるかといえば、そこまでは難しいかもしれない。

「それでも例えば、いじめを見た時に自分はどうするか。いじめる側との友情を危険にさらしても自分はやらないか、さらに反対までするかという選択に気づければいい。将来を担う若者がこの展示で、自分の行動は自分次第だということを感じてもらえれば」

そういえば、過去を身近なものとして現在とつなぐ

「敏感化」へのこだわりは、先に触れた展示冒頭の映像に出てきた黄金の間にもあった。直径2メートルほどで丸底の大きな金属の器が据えられており、これはもともと、神殿を模したグランド・スタンドの上にあった二つの聖火台の一つだった。ではもう一つはどこにあるかというと、今は近くの公営屋外プールで子供たちの水遊び場になっているという説明だった。

多くの史跡同様に、この市民公園に広がるナチス党大会の遺構も老朽化し、保存のための財源に悩んでいる。市によると、ツェペリン・フィールドとグランド・スタンドだけでも、完全に修繕するには12年間で7300万ユーロ（約85億円）かかり、放置すればどんどん崩れて危険なのでフェンスで囲まざるをえなくなってしまうという。

それでも市は修繕に取り組もうとしている。当時のウルリッヒ・マリー市長のこんな言葉が市のサイトに紹介されていた。「この遺構から人々が閉め出されたまま崩壊すれば、ナチスとその罪を想起することがより難しくなる。それはナチスを神話化する危険がある」

かつてナチスはこの公園から人々を閉め出し、林を爆破までして突貫工事で党大会の施設を造った。その遺構を公園の一部として受け入れ、人々が過去に思いを致し、民主主義から生まれた暴走が繰り返されぬよう、現在につなげて考える場として保存する。

そこには、ナチス最大の遺構である議事堂にあえて党大会記録センターを設けたのと同じ、「敏感化」への熱意が貫かれていた。

ナショナリズム、つまり国民がまとまろうとする気持ちや動きとは何かをドイツで考える旅を始めたニュルンベルクで、いきなり考えさせられた。逆説的だが、ナショナリズムが暴走せぬように陶冶《とうや》するための国民の「敏感化」が、ドイツのナショナリズムなのだろうか。

別れ際、歴史研究者でもあるクリストマイヤーさんに「ドイツをまとめているものは何でしょう」と率直に聞いてみた。

「ドイツには小さな国が集まってできた歴史がある。まとめているものと言えば、ドイツ語はオーストリアでもスイスでも話すので違うかな。今は、ナチズムの教訓から人権を重んじた基本法だと思います」

基本法とは、戦後に冷戦で東西に分断されたドイツの西側で採択された憲法のことだ。分断が続く間は暫定的にという意味合いで基本法と呼ばれてきたが、1990年の再統一で西側が東側を吸収して基本法が残ったため、その名が今も使われている。

「もちろん基本法の理念を共有しない人もドイツにはいます。だから『敏感化』が大事なのですが、第三帝国の時代だけとっても、このセンターでは加害者について語るだけです。それでもドイツ各地には、被害者について語る強制収容所跡があり、このニュルンベルクにはナチスが戦後裁かれた国際軍事法廷の記念館もあります。モザイクの歴史をそれぞれが記録し、協力して全体像を現代に示そうとしています」

センターの名にある「記録」Dokumentationsとは、そういう意味なのだという。

第二章

ダッハウ

強制収容所跡を歩く

非人道の極地
強制収容所システムの中枢へ

2月11日朝、ニュルンベルクからドイツ鉄道の特急に乗り、さらに南のミュンヘンへ。外国人旅行者用の乗り放題パスを手に一等車に入ると、大都市へ通うビジネスマンらで満席だ。それでも座席はゆったりとしていて、コーヒーを飲んだり、タブレットを眺めたり。

ミュンヘン近郊の街、ダッハウにある強制収容所跡を目指している。

先のニュルンベルクでは、かつてナチスが数十万人を集め党大会を催した遺構を訪ね、ナショナリズムの最悪の形としてのナチズムと、それを繰り返すまいと「記録」を継ぐ営みの一端を見た。

そこからダッハウへ足を延ばした狙いは同じだった。ニュルンベルクのナチス党大会記録センターに勤める、マルチナ・クリストマイヤー博士の言葉が頭に残っていた。

「ナチスは自分たちの活動に関する多くの資料を作りました。戦争が終わる頃に捨てられたものもありますが、ドイツへ侵攻し占領した連合国軍は、ナチスの犯罪を証拠づけるために文書や写真を確保しました。それが各地の展示に生かされています」

「ドイツの歴史はモザイクです。このセンターは加害者について、強制収容所跡は被害者について、ナチズムを記録し、協力して全体像を現在に示そうとしています」

ナチスが第2次大戦での戦線拡大とともに国内外に展開した千数百の強制収容所。その遺構で被害者について記録を刻む場には、もちろん被害者自身が残した記録もあるだろう。

ナチス政権初期に造られ、強制収容所のモデルとなり、システムの中枢となったダッハウは見過ごせなかった。40を超す国々から20万人以上が連行され、少なくとも4万1500人が亡くなった実態が、どこまで精緻に、立体的に語られているのか。

特急は1時間ほどでミュンヘン中央駅に滑り込む。雪が舞っていた。駅近くのホテルに早めに荷物を預け、ローカル線でダッハウ駅へ。さらに路線バスで住宅街を抜けていく。


公園を過ぎて数分、まだ街中のこのバス停で?と思いながら降りる。「ダッハウ強制収容所記念サイト」という石碑のような案内板があり、こんな言葉が記されていた。

「ダッハウ。この名の重みはドイツ史から決して消えないだろう。ナチスが支配した領域に設けたすべての強制収容所の象徴だ――ユーゲン・コゴン」

コゴンはミュンヘン生まれの政治学者。「政治的」ユダヤ人として1939年に強制収容所に送られ、生き抜いた。戦後は欧州統合に向けた活動に携わり、87年に亡くなった。

「記念館」ではなく「記念サイト」という名が、その広さを思わせる。敷地の7割ほどを占めていたナチスのSS（親衛隊）の養成施設は、今はバイエルン州警察の機動隊の施設になっていて入れないが、見学者が歩ける遺構の範囲だけで数ヘクタールある。

カフェもあるモダンなビジターセンターは、午前中の見学に訪れた高校生数クラスほどの私服の生徒たちで賑わっていた。十数人ごとのグループに分かれ、ガイドに導かれて寒空の下へ次々と出ていく。

ついていくと、強制収容所跡の手前の建物のあたりに生徒たちの輪ができ、話が始まった。そこはかつて収容所を仕切ったＳＳが経営した工場跡。制服や靴、金具などを作るのに収容者たちが駆り出されたという説明だった。

ダッハウで語られるナチス初期の強制収容所の由来は、暴走のプロローグと言える。第1次大戦後に需要がなくなり休止していた軍需工場をナチスが接収し、１９３３年３月、この強制収容所ができた。最初に送り込まれた「政治犯」は、共産主義者や社会主義者、労働組合員だった。

29年からの世界恐慌への対応でドイツ政治が混乱する中、ナチスは勢力を伸ばし、32年の選挙で第一党となる。33年1月にヒトラーが首相になると、2月の国会議事堂炎上事件をナチスは共産主義革命の策動と決めつけ、大統領に事実上の非常事態宣言を出させ、「政治犯」の拘束を可能にする。そうした人々がダッハウに送られてきたのだ。

砂利道を強制収容所跡の門へ歩く。左手の一帯にはＳＳの兵営がかつて並び、今も司令部の建物が残る。右手はフェンスが続き、角にそびえる監視塔を過ぎると門が見えてくる。連行されてきた人々が歩いた道だ。

鉄格子の門に「働けば自由に」

鉄格子の門に、ARBEIT MACHT FREI（働けば自由に）の文字がはめ込まれている。その先に、強制労働や伝染病蔓延、そして拷問、処刑があった強制収容所が広がる。見学の生徒たちとともに、重い扉を押して入っていく。

右手に今は史料館となっているかつてのSSの管理棟、左手に収容者らが寝起きしたバラックの復元、奥に監視塔付きのコンクリート塀。三方に囲まれ、毎朝、毎夕に収容者らが集められた「点呼場」が広がる。生存者がある夕刻の回想を残している。

「バラックへ戻る合図の笛を待って、私たちは3時間以上も点呼場に立っていた。冷たい雨が服に染み通り重荷になった。まじめな囚人たちの群れの上を黄色いサーチライトが踊る。永遠に忌むべきSSたちが狂犬のようにうろついていた」

2棟だけ復元されたバラックの間を抜ける道に沿って、高々と10メートルはあるポプラが二筋に並んでいる。そちらへ進むと、かつて34棟あったバラックの土台だけが、各棟の番号を記して埋め込まれた石だけを残して左右に並ぶ。ずっと先には戦後にできた、塔の土台をなすかのような教会があった。

雪雲が覆う灰色の空、葉が散り尽くしたポプラ並木。今は跡形もないバラックではかつて、

(写真上) ダッハウ強制収容所跡。門を抱え込む建物
(写真下) ダッハウ強制収容所跡の鉄格子の門にはARBEIT MACHT FREI(働けば自由に)の文字がはめ込まれている

1棟あたり200人のはずの収容者が、第2次大戦が始まると10倍にふくれあがった。ダッハウは、ナチスが国内外に展開した強制収容所のハブ（車輪の中心）だったからだ。

その不条理に、荒涼とした風景が重なる。目眩《めまい》がした。

突き当たりの教会から左へ歩く。有刺鉄線のフェンスを抜ける門があり、コンクリート塀と木々で囲まれた隣の一角へと進めた。小道を行くと、バラックX（エックス）と呼ばれた煉瓦造りの建物が現れる。ドイツ語でKrematorium、英語でcrematoriumと説明にあった。収容者の遺体が焼かれた場所だ。

私はこれまでの人生で、最も異常な場所に身を置いた。

非人道の極地「遺体焼却場」

crematoriumはふつう「火葬場」と訳すが、それは、親しい人の亡骸《なきがら》が炉で焼かれるのを見守り、墓に葬る骨を拾い、肉体は消えたその人との絆を紡ぎ直す清浄な場だ。

だが、ここにそうした趣は微塵もない。決して収容者の死を蔑《ないがし》ろにするわけではないが、「バラックX」という無機質な名の建物に遺体が吸い込まれていく光景を思う時、私はその非人道性を銘記すべく、「遺体焼却場」と訳さざるを得ない。

第2次大戦が進むにつれ、ダッハウでは収容者とともに死者も急増し、遺体を葬りきれなくなり、バラックXを造るに至る。焼却炉や消毒室に加え、ガス室まで備えていた。

ダッハウ強制収容所跡の遺体焼却場「バラックX」

この一角では反逆者の処刑も絞首や銃殺によって密かに行われた。2015年の映画化で改めて注目された、ミュンヘンでヒトラー暗殺未遂事件を起こした大工のゲオルク・エルザーも、1945年のドイツ降伏直前にここで処刑されている。

見学の生徒たちはバラックXの中を巡り、ガイドの説明を聞きながら展示パネルに見入っていた。亡くなった収容者の遺体は、当初は棺に入れて葬るためミュンヘンの方へ送られたとの説明だが、写真では、バラックXの前にやせこけた裸の遺体が山積みにされていた。米軍による強制収容所の解放後に撮られたものだ。

バラックXの隣から延びる「死の小道」が、小さな林を縫う。地面の石版に「何千もの無名の人々の墓」と記された、キリスト教とユダヤ教の小さな墓がそれぞれあり、その奥に「処刑場」があった。独ソ戦で捕虜となり、収容所で反逆を企てた92人のソ連兵を、44年秋にSSが背後から首を撃ち抜いて殺した場所だという。

思わず早足になって木立を抜ける。バラックXの方へ戻ると、片隅に「無名の収容者」という像が立っていた。台座には「死者に敬意を、生者に警鐘を」と記されていた。

コンクリート塀の門、有刺鉄線のフェンスの門を再び通り、強制収容所のバラック跡へ戻る。少し前にあれほどの荒涼感に囚われた場所で安堵を覚え、大きく息を吐いた。

強制収容所があった頃はこんな簡単には行き来できなかったそうだ。生きてバラックXの一角に入れたのは、SSと、処刑される人と、遺体焼却を命じられた収容者だけだった。

正午を過ぎ、雲間から陽が差す。前後して歩く見学の生徒たちは、沈黙したり、談笑したり。10代の多感な時期にこうした非人道の極地を垣間見ることで、ドイツ国民としての心に、それ以前に人としての心に、何が刻まれるのだろう。あるいは、こうした見学に慣れてしまった子もいるのだろうか。

有刺鉄線のフェンスに沿って監視塔の脇を通り、敷地内でバラック跡とは反対側にある史料館へと向かった。前述したように、もとはSSの管理棟だ。強制収容所へ連行された人々がまず身ぐるみはがされ、囚人服を渡された場だった。

人間性を滅ぼす現場

「12歳以下は入らぬように」とある史料館に緊張気味に入ると、高校生ぐらいの私服の生徒たちで混み合っていた。ガイドの男性の説明に聴き入る子たちのそばで、ベンチでおしゃべりしてふざけ合う子たち。静かに、とガイドが舌打ちでたしなめる。

日本の社会見学のような雰囲気に少しホッとしたが、その最初の空間にいきなり巨大な欧州の地図が広がり、気圧《けお》された。「戦中のナチスの収容所システム」というタイトルだ。

強制収容所はダッハウなど21カ所、絶滅収容所はアウシュビッツなど7カ所、安楽死計画センター6カ所、その他「ユダヤ人強制労働のための重要な収容所」など、少なくとも数百は示された様々な種類の収容所が、西はパリ周辺、東はロシアと接する諸国にまで広がる。激戦となった当時のソ連西部を除けば、第2次大戦でのドイツの侵略範囲にほぼ重なる。

ナチスが1933年に政権を握り、強制収容所をダッハウなどに造った当初、連行されたのは「政治犯」が中心だった。だが、理想国家建設に向けたユダヤ人などの排除、周辺国への侵略による捕虜の収容や戦時経済下の強制労働など、ナチスの暴走とともに強制収容所は拡大し、変質し、その中枢をなすダッハウは混沌に陥っていく。

この地図はそうした強制収容所システムの行く末を示唆するが、初めて見る人にすれば、淡々とした地名と記号の広がりに過ぎないかもしれない。

すでに教室でナチズムについてそれなりに学んだであろう、生徒たちの疑問が聞こえてくる。「今もある有名な企業も当時、強制労働を利用したんですか」。そう。ドイツでは、フォルクスワーゲンやBMW、シーメンスといった大企業が戦後に補償を迫られた。「強制収容所では障害のある人も殺されたんですか」。その答えは、展示の先にある。

展示の序盤は、ダッハウでの強制収容所設置に至る時代背景だ。ドイツでは第1次大戦の敗北で帝政が終わり民主制のワイマール共和国が生まれるが、戦後賠償や世界恐慌への対応で政治が混乱する中、打開を唱えるナチスが台頭していく。

1920年代後半からの失業率と、国政選挙でのナチスの得票率の急激な伸び方が似ているというグラフも示され、ガイドが注意を促す。戦後ドイツでのナチズム研究の蓄積が、展示の土台となっていることを思わせる。

ふと部屋の様子が気になり、展示パネルから目を離して見渡す。まさにここがそのナチズムの現場だったことに気づく。白を基調とした無味乾燥な天井、床、壁。窓に鉄格子。連行されこのSSの管理棟に着いた人々がまず集められる、「収容者移送室」の「収容者所持品管理所」だった。

人々はここで着ている服も脱ぐよう命じられ、渡した全ての所持品がリストに記されることで、収容者として登録される。そして裸のまま隣の浴室へ進む。そちらへ私も歩いていくと、

ダッハウ強制収容所跡の遺構で収容者の遺体の写真を見る生徒たち

かつて浴室があった縦長のホールが広がった。

半分には展示パネル、もう半分には何もなく少し低くなった石の床が広がり、ここに大きな浴槽でもあったのかと思ったが、違った。

浴室と言っても、当時の写真を見ると石の床は変わりなく、いまは照明がぶら下がっている天井に、シャワーのノズルが点々とついたパイプが平行に並んで張り付いていただけだった。人々はここで髪をそり、消毒とシャワーを終え、青と白の縦縞の服を渡された。

その囚人服に自分で縫い付ける三角のパッチには、割り振られた識別番号が記され、「政治犯」など収容所に送られた理由別に色分けされていた。そして外のバラックに押し込められ、強制労働の日々が始まる。反抗した人への拷問にもこの浴室は使われた。

ナチスを批判する組織に属するだけで、あるいはユダヤ人であるだけで、裁判もなしに、いきなり閉じ込め、絞り上げ、命まで奪う。

何となく通り過ぎてしまいそうな部屋は、「一つの民族、一つの帝国、一人の指導者」を掲げたナショナリズムが、罪なき人々の尊厳を奪い、存在を消していく現場だった。

ナチスの強制収容所のモデルとなったダッハウは、当初からそんな闇を抱えていた。

男子生徒2人が展示パネルの前で立ち尽くしていた。写真には、腫れ上がった背中のあちこちに拷問によるとみられる傷が刻まれた、うつぶせの男性の遺体。１９３３年にダッハウ強制収容所ができた頃に撮られたものだ。

この男性はニュルンベルクからの収容者で、「自殺した」というＳＳの報告に対し、「首吊りによる死亡とは認められない」とした裁判所の検視結果の文書があわせて示されていた。

ナチスの盛衰映す強制収容所の変容

「労働と教育の収容所」とナチスがうたった強制収容所は、暴力と搾取のシステムとしての本性をダッハウで露わにしていく。

展示の一角で白く光る子鹿の像や皿の磁器は、ＳＳが設けた企業がダッハウの収容者に、収容所付近やミュンヘンの工場で作らせたものだ。戦争へ突き進むナチスは収容者を労働力として動員しつつ、病気や障害などで働けない人を殺害。ダッハウではそうした「病弱者」をフェノール注射で殺したり、ガス室のある別の施設へ送ったりした。

ドイツが第2次大戦の序盤に周辺国への侵略で支配を広げると、「ダッハウ・モデル」も広がっていく。その地に住むユダヤ人や敵軍の捕虜などを押し込める強制収容所は、「サブキャンプ」と呼ばれた小規模なものまで含め1500を超えた。

この暴力と搾取のシステムは、ナチスの理想国家の幻想とともに破綻する。ドイツ民族の「生存圏」を東へ東へ、しかもユダヤ人を排除する形で追い求めて東欧諸国を侵略し、かえってさらに多くのユダヤ人が支配下に入る。その矛盾の「最終的解決」が大量虐殺だった。

史料館の展示にはこうある。「1941年に欧州のユダヤ人に対する虐殺行動計画が始まった。SSの指揮で処刑部隊が招集された。強制移送と殺人の装置が、絶滅収容所と『労働による絶滅』とともに始動した。600万人以上のユダヤ人が大量虐殺の犠牲になった」

さらにドイツ軍はソ連に侵入したが、42～43年のスターリングラードの攻防で敗れ、逆に東からソ連軍に、西から米英軍に反攻されて撤退を重ねる。それに伴い、周辺諸国に広がった強制収容所からは大量の収容者が国内へ送られてきた。

受け入れ拠点となったダッハウと周辺のサブキャンプでは収容者が激増。42年末に約1万人だったのが、44年末には6倍になった。

再び展示の説明から引く。「衛生と食糧供給は壊滅的になった。1944年7月にはチフスが蔓延し何千人も亡くなった。45年2月には石炭不足から遺体焼却場が閉鎖され、遺体は大きな墓にまとめて埋めねばならなくなった」

ダッハウ強制収容所での死者は1933~45年に4万1500人に上ったが、最後の半年にその3分の1が集中した。

連合国軍がヒトラーのいる首都ベルリンへ、そして強制収容所システムの中枢ダッハウへと迫る。その遺構で、見学の生徒たちと交互にパネルをのぞいてはたどってきた時系列の展示の中で、ナチス・ドイツの終焉が近づいていた。

連合国軍の反攻がドイツを包囲する。ドイツが侵略で支配を広げた地域から国内へと、強制収容所の間で人々が移送される。

収容者が6万人にまで急増したダッハウは破綻に瀕し、管理を担うSSは45年4月、ついにダッハウからの移送を始める。26日には約7千人が徒歩でアルプス山脈へ向かう「死の行進」が始まった。

4月28日には収容所で反乱が起き、SS上層部がダッハウを離れてしまう。40カ国以上から連行されてきた収容者たちは「国際収容者委員会」を立ち上げた。

そして4月29日、米軍が収容所を解放する。ヒトラーは30日に首都ベルリンの総統官邸の地下壕で自殺。ドイツは5月8日に降伏した。

解放の場に米軍日系人部隊

強制収容所の解放には、米陸軍の日系人部隊が関わっていた。ドイツの話から少し離れるが、ナショナリズムがもつれ合うエピソードとして触れておきたい。

史料館の展示にその日系人部隊、第522野戦砲兵大隊の名は見当たらない。強制収容所の門の脇の壁には、「解放者を讃えて」として退役米軍人団体が1996年に掲げたプレートがあるが、その対象は「第42師団と他の第7軍（部隊）」とあるだけだ。

だが、戦後の生存者の証言で第522大隊の関与は明らかになっている。そして、第522大隊が属した第442連隊戦闘部隊を、米陸軍戦史センターは「1943年に日系二世からなる部隊として発足。ハワイや、米本土のリロケーション・センター10カ所から志願した」と紹介している。

「リロケーション・センター」とは、第2次大戦中に米国でできた強制収容所の遠回しの表現だ。真珠湾攻撃による日米開戦から間もない42年2月の大統領令により、米西海岸に多く住む日本人や日系人約12万人が、「スパイ活動の防止」などを理由に収容された。

日系二世の人々は、米国に忠誠を尽くすことで偏見を破ろうと、軍隊に志願した。第442連隊に組み込まれ、第2次大戦で欧州の激戦地に投入されて各地を転々とし、多くの死傷者を出しながら戦果を挙げた。その中の第522大隊が大戦末期、ドイツの強制収容所の中枢ダッハウへたどり着き、多くのユダヤ人を救ったのだった。

忘却に抗う生存者の声、ドイツ内外から
強制収容所からの解放、裁き、継承

ドイツのナショナリズムへ話を戻す。私がナチズムについて取材しているのは、その教訓が戦後のドイツをどう象《かたど》ったかを知るためでもある。その点でもダッハウの強制収容所跡は示唆に富んでいた。

史料館の展示の終盤に、「ダッハウ法廷」の説明があった。

「ドイツに勝利した連合国は（各地に）ナチスの犯罪を裁く軍事法廷を設けた。米国の法廷は1945年末までにダッハウ強制収容所のSSの建物に置かれた。この収容所での行為に関する裁判は、後に続く米国のナチス犯罪裁判のモデルになった」

ナチスの強制収容所のモデルだったダッハウが、戦後はナチスの犯罪が裁かれるモデルになった。米英仏ソの連合国4カ国が戦後にドイツを分割占領した各地域でナチスの犯罪を追及するこうした動きは、ナチスの指導者たちを裁くニュルンベルク国際軍事法廷（1945年11月〜46年10月）へとつながる。

その法廷が残る記念館をニュルンベルクに訪ねたのは翌日だが、説明資料にこうあった。

「1945年、連合国4カ国はドイツの文書の追跡に集中した。法廷の被告人らの命令や行動

ニュルンベルク国際軍事法廷で実際に使われた法廷＝ニュルンベルク

を示すことで、彼らの戦争犯罪や人道に対する罪に対し確実に有罪判決を得るためだ。米軍に同行した専門家らは膨大な文書を精査し、その文書はニュルンベルクに送られた」

　ダッハウとニュルンベルクを歩いて私が改めて感じたのは、ドイツの終戦のかたちの日本との違いだった。

　ドイツでは本土に侵攻した連合国軍が１９４５年５月の終戦からそのまま占領へ移行し、ナチスの犯罪を裁くため徹底的に資料を集めた。日本では本土決戦に至らず45年８月に終戦となり、太平洋を渡ってきた米軍が東京で占領を始めたのは９月だった。８月15日の敗戦からそれまでの間、東京・市谷の大本営陸軍部から「書類を焼く煙が空へ何日も上り続けていた」と旧陸軍幹部から聞いたことがある。

　だからニュルンベルク法廷の方が、日本の戦争指導者を裁いた極東国際軍事法廷「東京裁判」（１９４６年５月〜48年11月）よりも資料がそろっていたのではという議論が可能かもしれない。だが、ここではそちらへ分け入らない。

私が想起するのは、そのニュルンベルクで会ったクリストマイヤー博士の言葉だ。かつてナチスが権威付けに支配したこの古都でナチス党大会記録センターに勤める彼女は、「ドイツへ侵攻し占領した連合国軍は、ナチスの犯罪を証拠づけるために文書や写真を確保しました。それが各地の展示に生かされています」と語っていた。

つまり、先の戦争に至った経緯を見極め、その教訓を後世に継ごうとする時、ドイツにはその土台となる史料がある。そしてそれは、連合国軍がドイツ本土侵攻から切れ目なく続けた占領下でナチスの犯罪を裁くためにかき集めたものだったのだ。

声上げた国内外の生存者たち

ニュルンベルク法廷で確認された戦争犯罪や人道に対する罪に関する原則は、その後の国際法の発展に大きな影響を与えた。ただ、ドイツ国内でナチズムの教訓を後世に継ごうという機運は、連合国による「勝者の裁判」では高まらなかった。

ダッハウの史料館とニュルンベルクの記念館では、それぞれこんな風に説明されていた。

「冷戦が始まると、ナチスの犯罪を徹底的に訴追することに対する米国人たちの関心は明らかにしぼんだ。司法権は1949年から（ドイツの東西分断でダッハウが属した）西ドイツが担ったが、殺人以外の行為は恩赦や時効の対象になった。ダッハウ強制収容所での多くの犯罪は処罰されないままとなった」（ダッハウ）

「ニュルンベルク法廷を通じて、ドイツの人々はナチスによる大量の残虐行為に直面し、ナチスは裁かれるべきだという認識は広まった。だが、ナチスの指導者たちへの訴追は、同調した人たちの罪をぼやかした。個人的な責任を認める人はほとんどいなかった」（ニュルンベルク）

戦後の混乱の中で、忘却の波はダッハウにも押し寄せた。強制収容所跡を1948年に米国から引き渡されたバイエルン州は、収容者たちが詰め込まれたバラックを一般の住居に改築し、新たな住民を受け入れた。敗戦によるドイツの領土縮小で東から逃れてきた人たちだった。

史料館の説明資料には、強制収容所があった当時からの周辺住民の様子も書かれている。「ドイツ各地で見られたように、（ナチスの非人道的行為を）『何も知らなかった』と語って罪と責任の問題に向き合うことを拒む動きとあいまって、過去の残虐行為と全く関係ない『別のダッハウ』という街を造ろうとする動きがあった」

当時のドイツのアカデミズムを含む社会状況を、「歴史は現在と過去との対話である」という言葉で知られる英国の歴史家E・H・カーは講演でこう語っている。

「今日のドイツ人は、ヒトラーの個人的悪意に対する断罪を歓迎しておりますが、これは、ヒトラーを生んだ社会に対する歴史家の道徳的判断の結構な代用品になっております」（『歴史とは何か』清水幾太郎訳　岩波新書　1962年）

史料館の展示は、そうした忘却の波を乗り越えてこの史料館ができるまでの経緯を中心に締めくくられていた。かつての遺体焼却場で慰霊の営みが細々と続く中で声を上げたのは、強制収容所で生き残った国内外の人々だった。

ダッハウ解放直前に収容者たちが反乱を起こし、「国際収容者委員会」を立ち上げたことを前に述べた。その後継組織として、55年に「国際ダッハウ委員会」がベルギーのブリュッセルで発足。バイエルン州と交渉を重ね、解放20周年の65年にこの「ダッハウ強制収容所記念サイト」を発足させた。

強制収容所を生き抜いた人々は、ニュルンベルク法廷の証言台にも立った。ナチスの犯罪の資料確保に奔走した連合国が冷戦で分断された後も、国際的な連帯を保って声を上げ続けた。その蓄積の上に、ドイツ国内でも60年代後半から、過去を直視しようという動きが広がっていった。

ナショナリズムの暴走を生んだドイツ国民が、過ちを繰り返さぬようナショナリズムを陶冶《とうや》する。だが、そのためにドイツ国民がまず過ちを認め、忘れないようにするためには、ナチスから筆舌に尽くしがたい被害をこうむった国々や人々がドイツを厳しく見つめ、ナチスについて「記録」し続けようとする力を借りねばならなかった。

「無名の収容者」の像の問い

それは、人間は過ちを犯すものであり、だからこそ人間社会から生まれた近代国家と民主主義、それらを担う国民という共同体も、それ自体で完結して過ちを犯さずにいられるシステム

ダッハウ強制収容所跡の遺体焼却場のそばに立つ「無名の収容者」の像

ではありえないということなのだろう。

２０１９年に日本のナショナリズムについて話を聞いた東京大学名誉教授の姜尚中さんが、「国民という存在から成り立つ近代国家に、そもそも安全装置はないんですよ」と話していたのを思い出した。ダッハウの強制収容所跡は徹頭徹尾、それを物語っていた。

最後に再び、史料館の展示に話を戻す。終盤のパネルに、「無名の収容者」の像を建てた際の写真があった。先に訪れた遺体焼却場の片隅にあり、台座に「死者に敬意を、生者に警鐘を」と刻まれていたあの像だ。

１９５０年にこの像が据えられた経緯について、「この像の作者の選定は議論を呼んだ。彫刻家フリッツ・ケーレは、ナチスに当初迫害されたが、後に芸術への信念についてナチスと合意に至っていた」と記されていた。

ナチズムに当時の人々がどう向き合ったのか、私たちがどう向き合うのかについて、展示はそこまで深く問いかけていたのか――。史料館を出ると、変わらぬ灰色の空の下、かつて収容者たちが点呼を受けたグラウンドが広がっていた。

第三章

ベルリン

再統一から30年、現代史凝縮の地

壁を歩く
ナチズムから冷戦へ、激変の跡

『翔んで埼玉』並みのフィクションに、しばしおつきあいいただきたい。

「日本と、その首都である東京は数奇な運命をたどってきた。

敗戦後の日本は、世界が東西に分かれ対立を始めたあおりで東日本と西日本に分裂。東京は東日本にあったが、西日本にとっても大事な都市だったのでこれも東西に分かれた。西東京は西日本に属したので、東日本の中で離れ小島のようになった。

東日本と西日本の関係が険悪になると、東日本は西東京の周りを壁で囲ってしまった。『東京の壁』による分断だ。

だが、世界で東西の対立が緩んでくると、閉鎖的な東東京から西東京に行こうとする人たちが壁を突破。これを機に東日本が西日本に吸収され、日本は再び一つになった」

あえてこんな作り話をしたのは、国民がまとまろうとする気持ちや動きとしてのナショナリズムをドイツで考えるこの旅で、その現代史が凝縮されたベルリンを訪ねた話を始めるにあたり、読者にこの都市を少しでも身近に感じてほしかったからだ。

戦後のベルリンについてごく簡単に紹介すれば、この作り話の「日本」を「ドイツ」に、「東京」を「ベルリン」に置き換えた形になる。2月12日、私はドイツ鉄道の特急に乗り、ミュンヘンからニュルンベルク経由でベルリンへ向かっていた。

日本もドイツも第2次大戦で敗れたが、最終局面の展開によって、連合国による戦後の占領が日本では米国中心、ドイツでは米英仏とソ連による分割という形になった。その状態が米ソによる冷戦が始まって固定し、日本は米国を中心とする西側に含まれ、ドイツは東西に分断された。

日本がもしドイツのようになっていたら、東京はどうなっただろう。再び一つになったベルリンはいまどんな様子なのだろう。ナチス・ドイツの首都。戦後の分断と壁の構築。そして壁の崩壊を機に再統一されたドイツ全体の首都に戻ってから、２０２０年で30年になる。

ベルリンはいまドイツの重要都市として16州の一つをなし、人口３６１万人、面積８９２平方キロ。戦後ドイツが冷戦により１９４９年に東西に分かれてそれぞれ独立した時、東ドイツ側にあったベルリンも東西に分断された。

冷戦下で西ドイツの飛び地になった西ベルリンを東ドイツは壁で包囲。全長１６０キロもあり、うち東ベルリンとの境は45キロ、隣のブランデンブルク州との境は１１５キロ——と言ってもイメージがわかないかもしれない。鉄道での私の移動に沿って言えば、こんな感じだ。

特急はベルリンを目指し西から東へ、つまり旧西ドイツから旧東ドイツの地域に入った。ブランデンブルク州からかつてベルリンの壁があった線を越えてベルリン州に入ると、しばらくは旧西ベルリン、つまり旧西ドイツの飛び地だったところだ。特急を降りたベルリン中央駅はまだぎりぎり旧西ドイツ側。そこからさらに東にある泊まり先へローカル線でひと駅進むと、またベルリンの壁があった線を越えて旧東ベルリン、つまり旧東ドイツの地域に戻る。
ベルリンに着いた翌日の午前、壁があったあたりを2時間ほど歩いた。

58年前に訪れた小林秀雄

フリードリッヒ通り駅近くのホテルから、ベルリン市街を縦に貫くこの通りを南へ。1・5キロほど行った交差点の少し先の中央分離帯に、土嚢を正面に積んだ小屋があった。冷戦期にチェックポイント・チャーリーと呼ばれた、米軍の検問所を復元したものだ。

ここで交差する東西のツィマー通りが、戦後に連合国がベルリンを分割占領した際の米ソの境の一部となり、その後に東西に分かれたまま独立した両ドイツ間の国境になった。両国に駐留を続けた米ソ両軍の戦車がこの交差点で対峙する事件も起きたほど緊張が高まった1961年に、東側から壁が築かれた。

その2年後の63年、批評家の小林秀雄が壁の近くを訪ねていた。西側から見た様子をエッセーに書いている。貴重なタイムスリップとして引用する。

(筆者注：東側から壁を越えようとして)逃げそこなつた人々は、哨舎の銃眼に狙はれて死ぬ。死んだ場所には、花環を掛けた十字架が立ち、供物の類が集つてゐる。向うの煉瓦塀にペンキで何やら字が書いてある。何と書いてあるのか、と同行の従弟に訊ねたら「東西ドイツは一つだ」と書いてあると言つた。その横の大きな字は何かと聞いたら、「人殺し！」だと答へた。

街角に中年のドイツ婦人が二人、寄添ふやうに立つてゐる。一人はハンケチを眼に當てて泣いてゐる。一人は望遠鏡で、遠くのアパートの窓を見て手を振つてゐる。私には見えないが、アパートの窓にはお袋さんの顔でも見えてゐるのであらう。二人は、代り番こに望遠鏡を覗いて泣くのであらうか。(『考へるヒント』文藝春秋新社　1964年)

エッセーによれば小林はこの後、旅行者として「東ベルリンへの関門を通過」しているので、私がいる場所に近かったのかもしれない。半世紀を経た今、この一角には星条旗が高く掲げられ、マクドナルドやケンタッキー・フライドチキンが軒を連ねる。壁の崩壊と冷戦終焉から30年が過ぎたが、なおも米国の勝利を誇示するかのようだ。

交差点を右に折れ、ツィマー通りを壁跡沿いに西へ歩いていく。右手がドイツの旧東側、左手が旧西側になる。アスファルトの道路に四角い石が点々と埋め込まれ、かつて壁があった場所を示していた。その2列の点線が路上駐車の下をくぐったり、交差点で車や自転車に次々と踏まれたりと、すっかり街に溶け込んでいる。

一部残っている壁は工場跡のようにくすみ、穴もあった。かつて西側へ壁を越えようとした人々が東側で射撃されるなどして百数十の命が奪われた緊迫感は、今はない。

ベルリン中心部を時計回りに歩いてホテルへ戻ろうと、また右に折れて北へ向かう。少し行くとポツダム広場の高層ビル街だ。第2次大戦末期のソ連軍侵攻で焼け、真ん中に壁が通って荒廃したままとなった一帯が、冷戦後の再開発でめざましい発展を遂げた。

そこに朝鮮王朝宮殿の一角のような小さな建物があった。韓国が設けた「再統一の展示」だ。残る壁に掲げられた説明板には「ドイツは1990年に再統一されたが、朝鮮半島は1945年から分断が続く。統一ドイツの首都ベルリンに置かれたこの展示場は、朝鮮の人々の平和的な再統一への願いを表している」とあった。

国民がまとまろうとする気持ちや動きであるナショナリズムは、そのまとまりの理念を共有する国家同士で連帯を生むことがある。かつてのソ連を中心に生産と所有の共同化を目指す共産主義圏も、米国を中心に自由と競争による経済発展を目指す資本主義圏もそうだった。

だが、その対立が最前線で国家そのものを分断する倒錯を朝鮮半島やドイツにもたらしたのが、冷戦だった。ベルリンでは首都まで分断され、住む人々が引き裂かれた。先ほどの小林のエッセーの通りだ。

そんな冷戦の凄まじさを思いつつ壁跡をたどっていて、ある一角でぐっと引き戻された。現代にではない。その分断の遠因となる米ソとの戦争にドイツが突き進んで敗れた、ナチス時代にだった。

ユダヤ人慰霊碑とヒトラー最期の地

ポツダム広場からさらに北へエバート通りを行くと、右手に、縦横に並ぶ石碑のような塊で埋め尽くされた一帯があった。約2700柱の高さは一つ一つ違い、見渡すと棺の群れが波を打つようだ。2005年にできた「虐殺された欧州のユダヤ人のための記念碑」だ。

地下に広がる「情報センター」には、ナチスのホロコースト（大量虐殺）に関する展示とデータベースがある。石碑が並ぶ地上から階段を降り、照明を抑えた室内に入ると、収容者たちが強制収容所で書いた日記や手紙の文章が床に示され、壁のスピーカーからは一人ひとりの氏名の朗読が聞こえてくる。犠牲者を個人として銘記する努力が尽くされていた。

それでも大量虐殺の犠牲者は540万〜600万人にのぼる。その説明の展示の脇で、600万人を6人で象徴する老若男女の大きな写真パネルが来館者たちを見つめていた。

石碑が並ぶ地上に戻ると、そばにある団地の方へ、ガイドに導かれた人の流れがちらほらとあった。歩いて1分。集合住宅の前に駐車場が広がっていた。

このヒトラー最期の地には、「総統の地下壕」という説明板がぽつんとあるだけだった。

(写真上) ベルリンの一角に広がる「虐殺された欧州のユダヤ人のための記念碑」
(写真下) この記念碑に近いヒトラー最期の地で「総統の地下壕」という説明板を見る若者たち

1945年4月30日、ナチス・ドイツの首都ベルリンにソ連軍が迫る中、ヒトラーはここにあった総統官邸の地下壕の一室にいた。説明板には淡々とこうあった。

「午後、この地下壕で結婚したばかりのヒトラーとエバは自殺した。遺体は地下壕入り口前の庭で焼かれた。5500万人が死んだ欧州での第2次大戦は終わった」

路地からエバート通りに戻り、再び北へ。少し歩くとブランデンブルク門だ。今のドイツ北部とポーランド西部にまたがっていたプロイセン王国でベルリンが首都だった18世紀後半に築かれ、冷戦期はベルリンの壁のぎりぎり東側になり、再統一で再びドイツ全体の象徴となった。ドイツのナショナリズムのアイコンを目の当たりにして、私はナチス時代の光景をも想起せざるを得なかった。30年代、夜のブランデンブルク門をトーチを掲げた人々が通り抜ける光の列の行進は、独裁政権を握ったヒトラーに捧げられた。

右へ折れブランデンブルク門をくぐる。目抜き通りのウンター・デン・リンデンを東へ歩き、ホテルに戻った。

埋め込まれた「躓きの石」

冷戦の最前線だった頃のエピソードが語られることの多いベルリンにも、ナチズムの記憶は根を張っていた。この日の午後にホテルからローカル線で数駅東へ足を延ばした時にも、同じことを感じた。

ベルリンのコトブッサー通りの歩道に埋め込まれていた4個の「躓きの石」

旧東ベルリン当時には中心的な駅だった東中央駅で降り、壁をキャンバスにしたポップアートが延々と続くイースト・サイド・ギャラリーへ。かつての共産主義陣営での盟友、ソ連のブレジネフ書記長と東ドイツのホーネッカー議長の「熱いキス」が描かれた辺りは、観光の若者たちで賑わっていた。

そこからシュプレー川を渡ると旧西ベルリン側に戻る。コーヒー店やスーパーマーケットがある下町のコトブッサー通りを歩いていると、住宅の玄関先に光るものがあった。

小さく四角い金属が4個、歩道に埋め込まれていた。それぞれに氏名と生年が記され、4個とも「1943年2月26日に移送され、アウシュビッツで死去」とあった。享年およそ55歳、52歳、26歳、22歳、ということになる。

大量虐殺の犠牲者たちがかつて住んでいた場

所を記憶するための「躓《つまず》きの石」だ。ベルリン出身の芸術家ギュンター・デミングが96年に地元で始めた活動で、犠牲者に関する情報提供と寄付の輪が広がり、躓きの石は欧州各国で計7万5千個を超えるまでになった。

「ベルリンの躓きの石」の場所が地図で一覧できるサイトがある。夕方、ホテルに戻ってパソコンを開き、自分が歩いた通りを確かめつつ、見つけた4個と同じ場所をクリックした。同じ4人の氏名が画面にポップアップされた。

パソコンの地図をベルリン全域へ広げてみる。躓きの石を示す小さく黄色い四角が数え切れないほど画面に現れ、全部で8258個と記されていた。

ナチズムから冷戦へと折り重なって連なる現代史が、隙あらば語りかけてくる。そんなベルリンの街歩きだった。

ポツダム会談に冷戦の予兆
欧州秩序の再構築めぐり揺れた戦勝国

ベルリンに入り、取材2日目。近郊のポツダムを2月14日午前に訪れた。ドイツと、そして日本の戦後に甚大な影響を与えた、1945年7~8月の米英ソ首脳会談があった場所だ。

近代国家や国民というまとまりは、人間社会が生み出した秩序だ。それを侵そうとした国家がいかに厳しい報いを受け、自身のまとまりをも根底から揺るがされるか。ナショナリズムの因果を現代史に赤裸々に刻んだポツダム会談の地を見ておきたかった。

日本と相似である敗戦国ドイツの側ではなく、ポツダム会談の主役である戦勝国の側に回って、しばし考えてみる。ドイツが破壊した欧州秩序の再構築をめぐり、戦勝国もまた揺れていた。

ポツダムは、ベルリン州をすっぽり囲むブランデンブルク州の州都だ。プロイセン王国以来の首都ベルリンに座したかつての王室の離宮や庭園がある古都で、世界遺産になっている。ドイツ鉄道のベルリン中央駅から、ローカル線で30分と少しでポツダム駅。冷たい小雨の中、見学の生徒たちとハーフェル川に架かる橋を渡り、中心街から路線バスに乗る。石畳の町並みを抜け、十数分で煉瓦造りの門と塀に囲まれた庭園に着く。

ポツダム会談の場となったこのツェツィーリエンホフ宮殿も、ドイツの歴史を映す。第1次大戦敗北により帝政が終わった頃にできた最後の宮殿で、皇太子が住み続けた。ドイツ史の継承者として「第三帝国」を掲げたヒトラーも何度か訪問。第2次大戦末期にはベルリンへ反攻したソ連軍に接収された。

今は住宅街と隣り合う庭園の脇にある、寂れた門から入る。木立を抜けると茶褐色の山荘風の宮殿が現れた。今はポツダム会談の史料館になっており、中庭の芝生に大きな星形の刈り込みがあった。ソ連の管理下にあった頃の名残だ。

ナチス降伏後、最後の3首脳会談

ナチス・ドイツに対する反攻の主力となった米英ソの連合国3首脳による会談は、第2次大戦の最中から、戦後処理までを視野に入れ、たびたび催された。その最後となるポツダム会談は唯一ドイツで開かれた。ヒトラー自殺から間もない1945年5月のドイツ降伏を受けて開催を働きかけたのは、ソ連との来たるべき対立を危惧する英首相チャーチルだった。

チャーチルの回顧録も頼りに振り返っていく。米大統領トルーマンに宛てた電報に、翌年の演説で有名になる「鉄のカーテン」に似た言葉がすでに記されていた。

ソ連は東からポーランドを越えてベルリンを陥落させ、さらに欧州中央へ勢力を広げようとしている。それなのに米国は戦力を欧州から太平洋での対日戦へと移している――。チャーチルは懸念を訴えた。

ヨーロッパ中央部へのこのぼう大なモスクワ進出が行なわれるとき（中略）、カーテンがふたたびおろされるでしょう。かくて数百マイルに及ぶ広大な帯状のロシア占領地域が、われわれをポーランドから隔離することになるでしょう。（『第二次世界大戦（4）』チャーチル著 佐藤亮一訳 河出文庫 2001年）

降伏したドイツにおいて、連合国による分割占領は速やかになされねばならない。だが、その分割が欧州を分断する「鉄のカーテン」になってはいけない。抗戦を続ける日本への対処もにらみながら、スターリン共産党書記長と膝詰めで話すべきだ——。チャーチルはトルーマンにそう伝えたのだった。

1945年7月17日、2日遅れでポツダムに入ったスターリンを交え、8月2日まで13回を重ねることになるポツダム会談が始まる。フランクリン・ルーズベルト死去で大統領になったばかりのトルーマンは3首脳会談に初参加だった。

古株のチャーチルとスターリンが火花を散らした。

チャーチルvs.スターリン

ポツダム会談の場となった宮殿内を、史料館スタッフのガイドで歩く。まず、スターリンの執務室となった「赤のサロン」へ。ドイツ帝国皇太子妃の部屋だった頃から赤を基調としていたが、がっしりとした書斎机の他に目立つ家具は置かれていない。質素にするようにと、宮殿を管理していたソ連軍にスターリンが命じたのだという。

「力と安全」というタイトルの壁のパネルには、スターリンの写真と次のような説明があった。「スターリンは論じた。モスクワに友好的なフィンランド、ポーランド、チェコスロバキアとバルカン諸国を支援した。この戦争での経験からソ連にとって安全の必要性が増大したのだと」
「この戦争」とは独ソ戦のことだ。1941年6月のドイツによる侵略から4年続き、犠牲者は約3千万人といわれる。

会談期間中の宴に使われた隣の「白のサロン」を通り、奥への扉をガイドが開く。会談の会場となったホールだ。2階の高さ12メートルの天井まで吹き抜けている。

ポツダム会談が行われたホール＝ポツダム会談史料館

赤絨毯の上に直径2メートルほどの円卓。小さな米英ソの国旗を9脚の椅子が囲んでいた。展示写真を見ると、当時はそれより一回り大きな円卓を15脚で囲んでいる。トルーマン、チャーチル、スターリンが大きな椅子に座り、それぞれの左に通訳、右に外相がいた。

司会はトルーマン。ガイドが米国の通訳の回想を紹介する。「スターリンは言葉は少ないが正確で自信ありげに話し、チャーチルは用意した文章を演説のように語った」

最大の焦点は、ソ連とドイツに挟まれたポーランドの西側の、ドイツとの国境画定だった。

ソ連は、独ソ戦の舞台となったポーランドの東側のソ連との国境を、西へ押し出そうとしていた。そのぶんポーランドの西側の国境をドイツに食い込ませる。その線をどう引くかだ。

ポーランド、つまりソ連の勢力圏を少しでも西へ広げたいスターリンは、バルト海に注ぐオーデル川を遡り、支流の西ナイセ川へと続く線を主張。少しでも押しとどめたいチャーチルは、支流の東ナイセ川へと続く線だと反論した。

そのせめぎ合いは、ドイツが領土の東側を削られて残る部分を、米仏とともに分割占領するソ連と英国の確執と表裏一体だった。先のチャーチル回顧録からの引用を再構成して紹介する。

チャーチル「賠償や戦利品に関してわれわれの間で意見の一致をみることのないまま、ポーランドが（ドイツにおいて米英ソ仏に続く）第五の占領国家たる地位を占めるとすれば、会談は失敗に終ってしまう」
スターリン「われわれの立場は貴国イギリスの立場よりずっと困難なのだ。われわれはこの戦争で五百万以上の人命を失い、労働力がこの上なく欠乏している」

スターリンが言う「労働力」には、ソ連が支配を広げた西方での「ドイツ人捕虜」も含まれていた。

結局ドイツ・ポーランド国境はスターリンが主張するオーデル川・西ナイセ川として暫定合意。ソ連はポーランド全体を西へずらす国境画定を主導し、さらにそこで軍の駐留を続け、戦後のポーランドへの影響力を決定的にした。

チャーチルはポツダム会談の期間中に総選挙で敗れ、途中で後継首相のアトリーに席を譲る。ガイドに導かれ、会談の場となったホールから、チャーチルの執務室となったドイツ帝国皇太子の居間へ。説明のパネルには「英国と日本の戦争は続いていたが、総選挙の争点は国内問題に集中した」とあり、拳を握り演説するチャーチルの写真が添えられていた。

この取材の旅のテーマであるナショナリズムという観点から、このドイツ・ポーランド国境問題を眺めてみる。

まざまざと現れるのは、国民がまとまろうとする気持ちや動きであるナショナリズムによって象《かたど》られるはずの近代国家の間で戦争が起きたとき、各国の国民同士が互いに尊重すべきナショナリズムがいかに等閑《なおざり》にされるか。そして、戦中から敗戦国の処理に至るまで、国家間の力関係が幅をきかせる前近代的な世界に舞い戻ってしまうかということだ。

チャーチルは冷戦を危惧しスターリンに抵抗したが、限界があった。ドイツの方へ押し出すポーランド西側の国境はどこまでかという話の前提として、１９４３年に米英ソ首脳が初めて集ったテヘラン会談で、ソ連がポーランド東側の国境を西へ押し出すことを米英はすでに認めていたのだ。

米英には、ナチス・ドイツの侵略を正面で受け止めていたソ連との連携が当時は必要だった。もちろん、そうした議論が敵国ドイツの国民の代表を交えて行われるはずはなかった。その冷厳さは、日本に対しても同じだった。

会談中、核実験成功の一報

チャーチルの執務室の隣へ進むと、トルーマンの執務室だった部屋だ。ドイツ帝国皇太子の図書室があてられた。その部屋のパネルの写真に、しばし見入った。キノコ雲、広島の焼け野原、「リトルボーイ」と呼ばれた爆弾。「終幕　太平洋戦争の終わり」という展示だ。

ポツダム会談での議論のうち、降伏したドイツの分割占領やポーランド国境に関する合意はポツダム協定に、抗戦を続ける日本への無条件降伏要求はポツダム宣言にそれぞれまとめられた。トルーマンの執務室での展示はポツダム宣言、特に原子爆弾に焦点を当てていた。

「ポツダムでトルーマンは、米国のニューメキシコ州で核実験が成功したという情報を得て、スターリンに対し交渉を優位に進めようとしました」とガイドが話す。ドイツに対抗すべく米英が協力して開発していた原爆を、ドイツの降伏後に米国が手にしたのだった。

トルーマンはチャーチルを呼び、2人で話した。

その時のチャーチルの思いを、回想録から再び引く。

ポツダム会談で米大統領トルーマンの執務室となった部屋＝ポツダム会談史料館

（筆者注：日本の）国土を一歩ずつ征服するには、百万のアメリカ兵の命とその半数のイギリス兵の生命を犠牲にする必要があるかもしれなかった。（中略）いまやこの悪魔のような情景はすっかり消えてしまった。それに代って、一、二回の激烈な衝撃のうちに全戦争が終結する光景が浮かんだ。（中略）
さらに、われわれはロシアを必要としなくともよくなった。対日戦の終結はもはや、最後の恐らく長引くであろう殺戮のために、ロシア軍を投入することに依存するものではなくなった。

日本人から見れば許しがたい物言いだろう。
だが、これが近代国家間の戦争の恐ろしさだ。
自国のナショナリズムを暴走させて他国を虐

げ、近代国家間の秩序を破壊しようとした者は、報いを受けねばならない。罰を与える側の国民の犠牲を少しでも減らすためには、罰せられる側の国民に「激烈な衝撃」を与えてもかまわない――。

「ロシア」(ソ連)に関して言えば、ポツダム会談に先立つ1945年2月のヤルタ会談で米英ソ首脳は、ソ連がドイツ降伏後2、3カ月で日ソ中立条約を破棄して対日戦に参戦、千島列島を得ることで密かに合意していた。ドイツは5月に降伏。ポツダム会談が行われた7～8月、ソ連参戦と競うように、原爆投下が秒読みに入っていた。

ポツダム宣言にスターリンは参加せず、トルーマン、チャーチルに代わるアトリー、電報でやり取りした蔣介石の米英中首脳が7月26日に署名。日本外務省訳によれば、「ドイツ国人民の土地、産業及び生活様式を必然的に荒廃に帰せしめたる力に比し測り知れざる程更に強大」な力による「日本国本土の完全なる破壊」を警告し、日本に無条件降伏を求めた。

だが日本は応じない。その後の展開が、日本国民の全く力の及ばぬところで、日本という国のあり方にいかに深い傷を残したかはご存じの通りだ。

米国は8月6日に広島、9日に長崎に原爆を投下。その年の死者だけで計21万人を超えた。ソ連は9日に参戦。満州の日本兵らがシベリアなどへ連行され、強制労働をさせられた抑留問題と、千島列島が占領されたことによる北方領土問題が生じた。そして15日、昭和天皇がポツダム宣言受諾を日本国民に伝える玉音放送がラジオから流れた。

ポツダム会談の会場となったツェツィーリエンホフ宮殿の展示に話を戻す。締めくくりは、数千万人が命を失った第2次大戦を極東で終わらせたポツダム宣言ではなく、ドイツと欧州の戦後に関わるポツダム協定への言及だった。

パネルのタイトルは「団結のショー」。会談期間中の3首脳の記念写真の数々が並び、「最終合意は成功の物語として打ち出されたが、その内容は矛盾に満ちていた」と記されていた。ドイツ・ポーランド国境問題での英ソの確執に見た通りだ。

ナチス・ドイツをようやく倒した後でのポツダム協定は、欧州の再構築の礎にはほど遠かった。米英とソ連がただただ相互不信を深めていく、冷戦の相貌がのぞいていた。

湖畔の別荘で「ユダヤ人問題の最終解決」ナチスの「関係省庁会議」

ナチスの降伏後にドイツの分割占領を米英ソ首脳が決めた会談の地・ポツダムから、ローカル線で泊まり先のベルリンへ戻る。その途中のヴァンゼー駅で下車した。路線バスに乗る。湖水浴場もある穏やかなヴァンゼー湖を右手に眺めながら、細くねる舗装路を10分ほど行き、庭園を抱えた別荘の前で降りる。

ナチス政権はここで、ユダヤ人の大量虐殺に関する「関係省庁会議」を開いた。そう淡々と

ナチス政権が「ユダヤ人問題の最終解決」の会議を開いた別荘にある史料館＝ベルリン近郊ヴァンゼー

述べて、理解してもらえるだろうか。

第２次大戦中の１９４２年１月20日、ナチスのＳＳ（親衛隊）が所有するこの別荘で、会議は開かれた。内務省、法務省、東部占領地域担当省や、ＳＳの「人種と移住」本部といった組織の高官15人が、「ユダヤ人問題の最終解決」について意思統一を図った。

別荘はいま、「ヴァンゼー会議の家」という史料館になっている。

私はこの旅で、ドイツのナショナリズムに深い傷痕を残すナチズムと、その教訓を継ぐ営みを見つめようと様々な場所を訪れた。それぞれに特色があった。２月14日午後に訪れたこの史料館のこだわりは「文書」だった。手前の庭園から濃密な展示があった。

国家の意思としての大量虐殺

庭園を囲む高い植え込みにロープが渡され、ビニールシートのパネルがぶら下がって並ぶ。

まず、ヴァンゼー会議に臨んだ高官らの顔写真や経歴が示される。

続いて、15枚の茶褐色の文書が連なっていた。ヴァンゼー会議についてナチスが残した議事録だ。小雨の滴が散るビニールシートに、こんな記述がある。

「SSの国家保安本部長官ハイドリヒは冒頭、国家元帥（ヒトラーの下のゲーリング）が自分をユダヤ人問題の最終解決に備える担当者にしたと告げた」

ハイドリヒは「ドイツ人民の生存圏からユダヤ人を追い出す」方法として、東への「移住」では受け入れ先となる他国の抵抗や費用の問題があることから、「排出」の方針になったと説明する。そして、「最終解決」に具体的に言及する。

「労働可能なユダヤ人は各地へ道路建設のために送られるだろう。その過程で自然減少により間違いなく多くの落伍者が出る」

「最終的に残るかもしれない者には適切な処置がなされねばならない。彼らは疑いなく最も反抗的な分子を代表しており、生まれつきの精鋭であり、自由にすればユダヤ再生の細胞となるからだ（歴史の経験が示す）」

3日前にダッハウの強制収容所跡で遺体の写真を何枚も見たせいだろうか、私はこの文書をさらっと読んでしまい、感覚が麻痺していることに気づいた。この文書にはとてつもなく非人道的なことが書かれている、と自分に言い聞かせた。

ナチス・ドイツは、強制収容所で「労働可能」でないとみなしたユダヤ人を、侵略したポーランドに造ったアウシュビッツに代表される絶滅収容所に送るなどして虐殺した。それが国家の意思だったことを示す文書としてこの議事録はドイツで理解され、それをよりどころにするこの史料館は政府の支援も受けて運営されている。

ドイツ人の「生存圏」を確保するため、ユダヤ人の命を絶ってでも「排出」する――。ナショナリズムが最悪の形で現れたナチズムを、この史料館は文書で証しているのだ。

史料館に入る。大量虐殺へ突き進む経緯をたどった展示にも、文書へのこだわりが表れていた。

アウシュビッツの生存者が提唱

電子化された文書を解説するパネルを、貸し切りバスで見学に訪れた生徒たちが触っていた。素材は「ユダヤ人問題の最終解決」に関するヴァンゼー会議の議事録だ。

パネルにいくつか示された「?」マークを指でタッチしていくと、「ここには、文書の作成者が『国家保安本部長官』と記されています。当時はハイドリヒでした」「『ユダヤ人問題の最終解決』の実施について会議で完全な合意があった、と彼ははっきり記しています」といった説明が順に現れる。

史料館の図書室にはこうした文書のほか、大量虐殺の犠牲者の遺族から寄せられた日記や写真、生存者へのインタビュー映像なども収められている。「いま私たちが社会をどう形作るかについてやり取りをする際に重要なナチス時代の歴史」(史料館のサイト)の記録にここまでこだわる姿勢には、創設を提唱した人物の思いが反映している。その人物の展示が片隅にあった。

ジョセフ・ウルフ。1912年生まれのユダヤ人で、アウシュビッツに送られ生き延びた。戦後に過ごしたベルリンでナチス支配とユダヤ人絶滅政策に関する研究を本にまとめ、ナチズムを記録し研究する国際機関創設を65年に提唱。その立地として、ヴァンゼー会議が開かれたこの別荘の他にはありえないとこだわった。

だが難航した。これまでのドイツの旅でも垣間見た、戦後の荒廃からの復興が優先された頃の、ナチス時代の直視を避けようとする風潮との確執があった。

冷戦下で東西に分断されたドイツでヴァンゼーは西側に含まれた。東ドイツの中で離れ小島のようになった西ベルリン市だ。この別荘にまつわるナチス時代の過去は語られないまま、市のユースホステルになり、地元の子供たちが泊まりがけで湖や庭園で遊ぶようになった。

ユダヤ人の国際団体がユースホステル移転の費用負担を申し出たが、市は拒んだ。ウルフは卓上に「忘れるな！　600万」と、大量虐殺によるユダヤ人犠牲者数を示す自身への檄文を掲げて粘ったが、支援団体が解散した翌74年、自ら命を絶った。

だが、ナチス時代からの世代交代が進んでいたその頃から、過去を直視しようという動きが西ドイツに広がっていく。ウルフの活動も受け継がれた。ドイツの再統一後、ヴァンゼー会議から50年を迎えた1992年に、この別荘に史料館ができた。

世代を超えて教訓を伝えようという営みは今も続く。ある一室では床に座り込んだ見学の生徒たちに、ガイドの男性が質問を投げかけていた。ドイツ各地の街にユダヤ人差別がはびこっていた頃の数々の写真が展示されている。

「君たちと同じぐらいの年だね」とガイドが話すスナップ写真では、木に掲げられた大きな看板の前にナチス青年団の少年たちが並んでいる。看板には「この町ではユダヤ人は望ましくない」とある。

「当時の市民には、ユダヤ人への迫害を知らなかったという人たちがいた。でもこの2枚の写真はどうだろう」。移住を強制され通りを歩くユダヤ人の列をマンションの窓から眺める人たちや、置き去りになった貴重品の競売に詰めかける人たちの姿があった。

説明が終わると、生徒たちは展示写真に寄り、見入っていた。

部屋の窓からはヴァンゼー湖が一望できた。湖面は灰色の冬空を映していたが、夏には地元の人たちで賑わうという湖水浴場も見えた。日々の営みを楽しむ場と、過去の教訓を学ぶ場は、戦後75年のベルリン郊外の湖畔で同居していた。

ナチス・ドイツ兵だった父を理解できなかった娘
旧東独出身者との対話

冷戦の頃に壁で東西に割かれていたベルリンでは、旧東側の一角に今も分断ナショナリズムの象徴がそびえ立つ。半世紀前に東ドイツが造ったテレビ塔だ。高さは東京タワーを凌ぐ368メートルで、200メートルあたりに巨大な球形の展望台を抱えている。

旧東ベルリンに立つテレビ塔。東ドイツ建国20周年の1969年に完成

2月中旬、私はドイツのナショナリズムを考える旅でそのそばを巡り、天を突く巨木が球を貫くかのような威容を仰いだ。

米国とソ連の間で緊張が高まりキューバ危機も起きた1960年代初め、壁で突如隔てられ世界の注目を集めたベルリンの街は、資本主義と共産主義が互いに優位を誇示する「ショーウィンドー」になっていった。東ドイツ建国20周年の69年に完成し、西ベルリンを見下ろした東ベルリンのテレビ塔はその典型だ。

球形展望台がイメージしたのは人類初の人工衛星スプートニク1号。1957年にソ連が打ち上げに成功して米国に衝撃を与え、宇宙開発競争の嚆矢《こうし》となった。テレビ塔自体は、東ドイツにおけるカラーテレビ普及をはじめとする国民生活向上をアピールした。

そこから少し歩いた国立ドイツ歴史博物館の冷戦期の展示には、その建国20周年の際の東ドイツの世相が、テレビ塔の話を交えて記されていた。

「政府からの寛大な贈り物へのお返しに、国民は国家への忠誠と愛を行動で示した。自由ドイツ青年団（ＦＤＪ）が祝賀の夜にトーチを掲げた行進のスローガンは、『私たちの愛と忠誠は、すべて社会主義の祖国のために』だった」

トーチ行進という言葉に、ナチス政権の頃にヒトラーを讃えたものを思い出した。ナチズムに抵抗した共産主義を国是とする東ドイツにも、似た光景があったのだ。

国民がまとまろうとする気持ちや動きとしてのナショナリズムは、東ドイツではどのように現れ、冷戦を経た１９９０年の再統一後はどうなったのか。ナチズム後の共産主義というテーマの手強さをわかってはいたが、ぜひ体験者に話を聞きたかった。

ドイツでは最近、排外主義を唱える新興右翼政党が伸びた。ナチズムの教訓の継承を疑わせるその現象は、とりわけ旧東ドイツの地域で目立つ。それがなぜなのか、この取材の旅ではまだ見えていなかった。冷戦後に西側が東側を吸収した今のドイツでは、西側の見方が幅を利かせているからではないかという思いを強めていた。

ベルリン滞在中、東側の話をじっくり聞ける人に思わぬ形で会えた。フンボルト大学に属する森鷗外記念館の副館長、ベアーテ・ヴォンデさん(65)だ。

19世紀後半、近代国家として歩み始めていたドイツに学ぼうと、明治維新を経た日本から多くの留学生がやって来た。医学生で後に軍医・作家となる鷗外もその一人。フンボルト大学に通った頃の下宿が、いま記念館になっている。

記念館を訪ねて責任者への挨拶を希望すると、大柄で笑顔の絶えないヴォンデさんが現れた。流暢な日本語で自己紹介があり、東ドイツ出身と知る。日独の文化交流を支え続けたが、定年が迫り近く記念館を離れるというので、「ぜひインタビューを」と頼んだ。

ヴォンデさんは快く応じてくれた。2月14日の夕方、「一行《ひとくだ》りでも一字でも調べて行くのが自分の生命だ」という鷗外の言葉の書が掛かる記念館の一室で、話し込むことができた。

東ドイツのナショナリズムと再統一の影響、そもそも国とは何かを考える上で、ヴォンデさんの話は得がたいものだった。国立ドイツ歴史博物館の展示でたどった東ドイツ41年の歴史と重ねながら、その半生を紹介したい。

分断された故郷・グーベン

「私は国境の架け橋になるのはもう慣れました」とヴォンデさんは切り出した。よくある比喩

旧東ドイツの頃を振り返るヴォンデさん＝ベルリンの森鷗外記念館

ではなく、彼女の故郷や家族にまつわる現実そのものの言葉だった。

出身はベルリンのさらに東、国境のナイセ川に臨むグーベン。ポーランド側には発音が似たグビンという街がある。第2次大戦でのドイツ敗戦によって、ポーランドとの国境が西方の「オーデル・ナイセ線」へと食い込み、かつてのグーベンはナイセ川で分断。「父はポーランド側、母はドイツ側の生まれでした」とヴォンデさんは振り返る。

この分断が、ドイツ降伏後にベルリン郊外のポツダムであった米英ソ首脳会談の結果であることはすでに触れた。焦点となったドイツ・ポーランド国境問題で、欧州へのソ連の影響力拡大を危ぶむ英国のチャーチルは、オーデル川と支流の東ナイセ川を主張。だが、より西へというソ連のスターリンの要求が通り、ドイツ側の街だったグーベンを貫く西ナイセ川になったのだった。

米英仏ソに分割占領されたドイツは冷戦下の１９４９年、米英仏側の西ドイツ、ソ連側の東ドイツに分かれて独立。ヴォンデさんはその5年後に生まれる。東ドイツのグーベンとポーランドのグビンは、ソ連を中心とする東側にともに属したため、住民は互いに行き来できた。

ヴォンデさんは子供のころ父とよくグビンの市場へ買い物に行った。独ソ戦で破壊され、瓦《が》礫《れき》が残り、雑草が茂るグビンの街を歩きながら、父は「ここにはすてきなレストランがあった。ここはブドウ畑だった」と、かつての実家辺りの景色を懐かしんだ。

その父の姿を、ヴォンデさんは悲しげに思い起こした。

「当時は父の気持ちを理解するのはほとんど不可能で、ばかなことを言うなあと思いました。ひどい戦争を始めたのはドイツなんだから、ひどい扱いを受けるのはしょうがないと思った。東ドイツの教育の影響かもしれませんね」

故郷で受けた高校までの教育は、こんな様子だった。

「先生たちは、ナチスがどんなにひどいことをしたかをちゃんと勉強してほしいと言いました。モデルは、ナチス・ドイツから亡命したり、強制収容所から脱出したりした共産主義者たちで、彼らのように活躍したいと思った。ロシアの文学を学びました。映画もたくさん。ソ連軍の若い女性の部隊がドイツ軍と戦う『朝焼けは静かなれど』とかね」

「14歳になると青年団の組織に入って、1年間のプログラムでキャンプや演劇鑑賞があった。(当時東ドイツの)ブッヘンバルト強制収容所跡を見学に行って、記録映画を見せられました。たくさんの死体が出てきて、でもいい意味でのショックでした。繰り返さないように人生を尽くそうという決意がDNAに刻まれました」

ヴォンデさんの回顧は、東ドイツでソ連の占領当時から徹底された、「非ナチス化」を共産主義国家の礎とする方針を物語っていた。

戦後4年間のソ連の占領中に、モスクワに逃れていた共産主義者たちが首都ベルリンに戻り、政治の実権を握る。「ナチス」とみなされた何十万もの人たちが職を奪われ、拘束された12万人以上がソ連の収容所へ送られた。ナチスの政党組織だけでなく、それを支えたとみなされた銀行や大企業の財産も没収され、独立した東ドイツの政府が継いだ。

占領下で生まれた社会主義統一党（ＳＥＤ）はソ連と密接な関係を保って政権を維持し、東ドイツ社会全般に様々な組織を張り巡らした。先に触れた、建国20周年記念でトーチを掲げ行進したＦＤＪもその一つで、ヴォンデさんもかつて属した「青年団の組織」にあたる。

冷戦で分断された欧州の最前線にある東ドイツにとって、ソ連陣営に属する重要な証しがポーランドとの国境線を認めることだった。ナチス・ドイツの敗戦で西へ食い込み領土を削られたものだが、東ドイツは独立の翌１９５０年に早々に承認。その後、この新たな国境線や、それにともない移住を強いられた数百万人のドイツ人の苦境を語ることは、東ドイツではタブーになった。

ヴォンデさんも「戦争の話は家族の間にタブーがあって、両親の気持ちがわからなかった」と振り返る。

父はかつてドイツ軍兵士として戦い敗れ、ナイセ川のすぐ向こうの故郷はポーランド領になった。荒れたままの街を訪ね往時を偲ぶその言葉に、「ばかなことを」と呆れる10代の娘は、ナチズムからドイツを解放した共産主義の史観で教育を受けていた。

戦後の西ドイツでは、多くの市民が無抵抗だったナチス時代の直視を親は避けがちだったが、子は向き合おうとした。東ドイツでも形は違えど、世代間の葛藤があった。

旧東ドイツに根強い国民の不満

ベルリン市街を縫うローカル線が黄昏の高架を行く。線路の軋《きし》みが、かつて森鷗外が留学中に下宿した2階の窓越しに響いてくる。その森鷗外記念館で副館長を務める、旧東ドイツ出身のヴォンデさんに話を聞いている。

ヴォンデさんが1973年、冷戦で分断されたベルリンの東側にあったフンボルト大学に進んだ頃は、建国第一世代の自分たちが東ドイツを導くという思いにあふれていた。

「戦後に新しい世界、新しい国をつくろうと、先へ先へと進んでいました。世界が平和になるための架け橋になろうと日本学科を選びました。入学の年に東ベルリンであった世界青年学生祭典は素晴らしかった。世界中から学生が集まり、一緒に平和の歌を歌いました」

世界青年学生祭典とは、冷戦下で共産主義や非同盟の諸国で数年ごとに開かれてきたものだ。東ドイツ政府は人が増えすぎるという理由で、祭典期間中に西ベルリン在住者の立ち入りを禁じた。1970年代には米ソがいったん緊張緩和に向かい、東西両ドイツにも歩み寄る機運があったが、それでも壁は高かった。

これは、ナチズムというナショナリズムの暴走と敗戦の報いとは言え、近代国家において国民としてのまとまりを模索し続けるドイツが冷戦で分断された矛盾の表れだった。

東ドイツは新たな国としてまとまる理念を共産主義というイデオロギーに頼ったが、西ドイツとの経済格差は開くばかりだった。政府批判や国外脱出を抑えようと政府が言論や移動の自由を制限したことが、国民の不満を高めた。そんな政府の頑なさをヴォンデさんも思い出し、達者な日本語で「BOKETERU（ぼけてる）」と辛辣だった。

80年代になってソ連にゴルバチョフ書記長が登場。共産主義の盟主自身が経済の停滞を認め、打破しようと改革を掲げた。それすら東ドイツでは政府が拒んだことが、そもそも何のために分断されているのだという国民の不満をさらに高める。東ドイツ政府が普及を進めたテレビは、一部地域を除いて西ドイツの放送も受信でき、情報統制は形骸化していた。

東ドイツの首都だったベルリンで建国20周年を記念してテレビ塔が建ち、さらに20年経った1989年、政府が建国40周年を祝うさなかにWir sind das Volk（私たちが人民＝主権者だ）というデモが広がった。人々が東から西へ流れ出し、壁が崩れた。

さらに90年の東ドイツ総選挙でWir sind ein Volk（私たちは一つの民族だ）という訴えが席巻し、41年ぶりに東西ドイツは再統一された。世界では89年のベルリンの壁崩壊直後に米ソが和解して冷戦が終わり、91年にはソ連が崩壊。それが時代の流れだ。

それからのことも、ヴォンデさんにぜひ聞きたかった。温めていた質問を切り出した。

なぜ新興右翼が伸びるのか

旧東ドイツの地域では近年、中東からの難民受け入れ拒否など排外主義を叫ぶ新興右翼政党のAfD（ドイツのための選択肢）が伸びた。それはなぜなのか。

ヴォンデさんの話からすれば、共産主義の東ドイツで教育を受けた世代には、反ナチス教育が徹底されていた。そして再統一後の世代には、私が今回のドイツの旅で垣間見たような、ナチズムの教訓をもって民主主義を陶冶《とうや》しようとする旧西ドイツの教育が及んだはずだ。

「ええ。東ドイツでは私たちの世代にナチスは根絶されたはずなんです。だから、いまAfDが東側から出てくるのが理解できない」。再統一後も「国境の架け橋」を自任してフンボルト大学で日独の交流に努め、3人の子を育て上げたヴォンデさんは、「本当に恥ずかしい」と頭を抱えてしまった。

それでもこの30年を振り返り、いろいろと考えながら話してくれたことは、私なりに咀嚼すれば、西側に吸収された東側の社会の喪失感だった。

その言葉を丁寧に拾っておきたい。

「壁がなくなって西に行けるようになった時はみんな興奮して、ああこれが資本主義のコーヒーね、いい香りと喜んだ。でも再統一が急に来て、平等な結婚にならなかった。民主主義と言っても、東で培われた体験は新しいドイツに入らなかった。東ドイツで偉かった人が、どうせ公安警察と関係あったんでしょとか言われて」

「統一後は日本語だけでなく『ドイツ語』も勉強しないといけなかった。通貨や税金、法律などがみんな西の制度になって、役所に出す紙に書く言葉が全然わからなかった。ゼロから始まって、私たちは合わせるのにとても忙しかった。西に入った東ドイツは、日本と同じ島国のようなものでした」

そして、ヴォンデさんは旧東ドイツ地域の現状を憂い、祖国への郷愁を語った。

「ポーランドとの国境にある故郷のグーベンでは、人口は私の子供の頃の半分（約1万7千人）になってしまった。大都市から離れた街には仕事がなくて、砂漠みたいになっている。いとこの女性はライプチヒ大学で農業を勉強して地元で働くつもりが、統一後に農業組合がなくなって定職に就けず、いまは老人ホームで働いています」

「東ドイツの頃は集団的に働く場所があって、頑張れば表彰もされた。働きながら子供を産んでもクビにするのはだめで、私には休職中に給料の8割が出て、出産祝いに1千マルクもらってアパートをきれいにした。再統一後、私の子供たちの世代にそこまでの安心はない。私も友人も孫の面倒を見るのに忙しいからなかなか会えません」

旧東ドイツ社会を知る世代の喪失感と、旧東ドイツで衰退する地域に住む若い世代の閉塞感が結びついているのではないかというのが、ヴォンデさんの考えだった。

「労働が誇りだった東ドイツの頃を知る人にとっては、失業は本当に恥ずかしい。いまの若者には実際に仕事がない。うちの車は中古だけど、あそこはベンツの新車を買ったというのが見えてしまう。壁の崩壊で結局こんなにだめになってしまったという雰囲気が東の家庭や地域に生まれ、その気持ちを今の政府への批判という形で表現するんでしょうね」

ナチス時代に重なる今

私がドイツを訪れた2月には、ＡｆＤが実際に旧東ドイツ地域で政治を揺るがした事件がメディアを賑わしていた。

チューリンゲン州議会での首相選出投票で、２０１９年の州議選で第2党に躍進したＡｆＤの支持候補が、ＣＤＵ（キリスト教民主同盟）の議員の票も得て当選。国政与党のＣＤＵが新興右翼政党のＡｆＤと組み、戦後ドイツで初めて右翼政党支持候補が州首相になった。世論の反発で当選者はすぐ辞任し、メルケル首相の後継とみられていたＣＤＵの女性党首まで辞任する騒動になった。

ヴォンデさんはそんな現在を、ヒトラーが台頭した１００年前に重ねた。

「１９２０年代は世界恐慌への対応で政治が混乱し、共産主義者と社会主義者がけんかし、政権を担う保守派がナチスの人気に頼った。チューリンゲンの問題はそれに似ている。しかも今はＳＮＳでつながっているように見えて忙しくなるばかりです。どんどんアトマイズされて、みんな不安になっている」

「アトマイズ」と聞き、はっとした。ヴォンデさんはその言葉を、社会が「原子」のように細分化されていくという意味で使っていた。

私はナショナリズムを考える時によく立ち返る、ドイツ出身の社会心理学者エーリッヒ・フロムが唱えた「自由からの逃走」という概念を思い出した。

近代国家において互いに平等な国民となり、自由を得たはずの人たちがなぜ、全体主義に屈したのか。フロムはナチス・ドイツから逃れ、第２次大戦のさなかの１９４１年に米国で著した同名の書で、ナチズムの背景をこう分析した。

近代人は伝統的権威から解放されて「個人」となったが、しかし同時に、かれは孤独な無力なものになり、自分自身や他人から引きはなされた、外的な目的の道具となったということ、さらにこの状態は、かれの自我を根柢から危くし、かれを弱め、おびやかし、かれに新しい束縛へすすんで服従するようにする（『自由からの逃走』日高六郎訳　創元社　１９５１年）

では、近代国家で国民がまとまろうとするナショナリズムにおいて、国民がそうした服従の闇に囚われないようにするには、どうすればいいのか。フロムはこうも述べている。

しかし人間は、かれを一個の「原子」にしてしまった世界に生きているだけでなく、同時に、一人の個人となるあらゆる可能性をあたえるような世界に生きている。近代の産業組織は本質的に、（中略）人間の知的、感覚的、感情的な潜在力を十分に表現するための物質的基礎を創造する力をもっている。（同著）

つまり、近代国家を構成する「原子」となった国民が「自由からの逃走」から踏みとどまるには、物質的には豊かになった社会を国民自身の発展にどう生かすかという主体性が必要になるということだ。

どういう国家を目指すのかという理念を、国民自身が紡がねばならない。さらに、その理念の追求は決して、自国民かどうかを問わずあらゆる人権と、他国との協調を犠牲にする形であってはならない。それが、戦後ドイツがナチズムから重層的に得た教訓だったはずだ。

その教訓は、冷戦で分断されたドイツの西側では、ナチス時代からの世代交代を経て民主主義を陶冶する手がかりとなった。東側でも唱えられはしたが、共産主義を守ること自体が目的化した国家が国民の人権を虐げる倒錯が生まれた。その象徴だったベルリンの壁を、自由を求める東側の人たちが崩した。

再統一されたドイツがナチズムの教訓を背負って30年。まだ東ドイツで過ごした年月の方が長いヴォンデさんにすれば、東ドイツにはあった国民のまとまりに代わるものが、いまだに見えてこない。

「このドイツはあと10年で東ドイツと同じぐらいの長さになる。その頃、この国はどうなっているんでしょうね」


2時間にわたって話を聞くうち、すっかり陽が落ちた。ヴォンデさんに定年退職をねぎらう花束を渡して森鷗外記念館を辞し、夜のベルリン市街をホテルへ歩いた。

シュプレー川に架かる橋を南へ渡り、ベルリン中心部を東西に貫くウンター・デン・リンデン通りに出ると、右手にライトアップされたブランデンブルク門が見えた。左手の遠くには、プロイセン王国時代からのブランデンブルク門とともに「再統一ドイツの象徴」とよく紹介される、東ドイツの頃に築かれたテレビ塔が夜空に光る。

そのテレビ塔の方へ折れ、手前にある国立ドイツ歴史博物館の方へ歩きながら、私はその展示にあった「ドイツ問題は解決されないままだった」という一文を思い出していた。冷戦初期のコーナーで、ドイツ降伏後の連合国4カ国による分割占領が、そのまま東西の分断に移行してしまったという意味だった。

博物館の展示は1990年の再統一の歓喜のシーンで終わっていた。だが、ヴォンデさんの65年の人生に触れた私には、今も「ドイツ問題」は続いているように思えた。

国家は何を弔うべきか
ドイツ国立追悼施設「ノイエ・ヴァッヘ」を訪ねて

ベルリンにあるドイツの国立追悼施設「ノイエ・ヴァッヘ（新衛兵所）」。ドイツのナショナリズムを考えるこの取材の旅を企画した当初から考えていた目的地の一つだった。近代国家において戦没者をどう弔うかに、その国と戦争の関わりが如実に表れるからだ。

私がかつて訪れた米国のアーリントン国立墓地の起源は南北戦争に遡り、兵士一人ひとりの白い墓石が緑の丘に延々と広がっていた。日本には戦後にできた国立千鳥ケ淵《ちどりがふち》戦没者墓苑があるが、明治維新以来の戦没者を戦前から祀る靖国神社もある。靖国神社の「御祭神」に第2次大戦の指導者も含まれていることから、戦後に主権者となった国民を代表する首相の参拝の是非をめぐり、今も議論が尽きない。

ノイエ・ヴァッヘも、ドイツの近現代史においてあり方が変転し、議論の末に再統一後の1993年に国立の「中央慰霊館」へとたどりついた。慰霊の対象はドイツ国民を大きく超え、「戦争と暴力支配の犠牲者のために」とされた。その経緯をたどる。

死んだ息子を抱く母

ベルリン滞在中の2月13日午前、ウンター・デン・リンデン通りにあるノイエ・ヴァッヘを訪ねた。この通りはベルリン中心部を西のブランデンブルク門から東の王宮まで貫き、プロイセン王国当時からの建築が並んで観光客も多い。ノイエ・ヴァッヘは東の王宮の手前にある。「新衛兵所」にあたる呼び名は、かつて王宮を守る近衛《このえ》兵の詰め所だったところからきている。

神殿風の太い柱の間を抜け、石造りの建物の中へ。灰色を基調とした16メートル四方の床と、高さ7メートルの壁に囲まれた空間が広がり、床の中央にふたりを象るブロンズ像がぽつんとあった。「哀れみ（死んだ息子を抱く母）」だ。

賑やかな表通りから立ち寄った観光客が20人ほど、みな遠巻きに沈黙し、この像を見つめていた。数輪の花が捧げられた手前の床にDEN OPFERN VON KRIEG UND GEWALTHERRSCHAFT（戦争と暴力支配の犠牲者のために）とあった。

像の真上の天井中央に直径2メートルほどの穴があり、曇り空から弱い光が注いでいた。入り口に立つ守衛の男性に聞くと、雨の日は降り込むが水は側溝へ流れるという。2日後の夕焼けの頃に再訪すると、迫る闇が像を包み込む全く違う光景があった。

この芸術的な国家の慰霊の場は誰を弔おうとしてこのように造られ、それはどのようにして

ドイツの国立追悼施設「ノイエ・ヴァッヘ」にある「哀れみ」の像＝ベルリン

決まったのだろう。ノイエ・ヴァッヘは隣の国立ドイツ歴史博物館が管理している。中央慰霊館ができた当時の初代館長、クリストフ・シュトルツルさん(76)に聞いた。

シュトルツルさんは今はベルリンを離れ、南西へ200キロほどの古都ワイマールにあるフランツ・リスト音楽大学で学長をしている。数日後にシュトルツルさんをワイマールに訪ねた時の話を交え、書き進める。

ノイエ・ヴァッヘをすべての「戦争と暴力支配の犠牲者」に捧げたことについて、「友人コールが決めた」とシュトルツルさんは語る。

西ドイツから統一ドイツへの移行期を含め、戦後ドイツの首相として最長の16年間を務めたヘルムート・コール（1930〜2017）だ。

ドイツ近代史の迷路

シュトルツルさんが振り返る。

「国立の追悼施設をどうするかは、戦後の西ドイツで延々と議論されてきた。コールが踏み切ったが、その時も大変な議論になった。『ドイツ近代史の迷路に入り込まないように』と訴えた、孤独な、孤独な決断だった」

「ドイツ近代史の迷路」をもたらした最大の要因は、もちろんナチズムだ。時代を映してきたノイエ・ヴァッヘの変化を、戦争の20世紀からおさらいしておく。

第1次大戦は、兵士たちの無数の遺体が原形をとどめない空前の殺戮をもたらした。国家が戦死した自国兵をまとめて象徴的に弔う「無名戦士の墓」が欧州を中心に広がる。ドイツのノイエ・ヴァッヘも、ナチスが政権を握る少し前の1931年にそうした位置づけとなった。

第2次大戦で敗れ東西に分断されたドイツで、ベルリンのノイエ・ヴァッヘは東側に含まれた。東ドイツ政府はノイエ・ヴァッヘについて、「無名戦士の墓」としての性格を残しつつ、ナチズムを打倒した共産主義という文脈から、強制収容所で迫害された政治犯も含む「ファシズムと軍国主義の犠牲者」を追悼する場とした。

一方の西ドイツでは、新たに国立追悼施設を造るかどうかは中ぶらりんになった。ノイエ・ヴァッヘがベルリンの壁の向こう側になった分断を暫定的とみることに加え、そもそも国家として誰を弔うかの答えが出なかった。かつてドイツ社会全体を覆い、ホロコースト（大量虐殺）を犯したナチズムとの関係が「迷路」になった。

欧州のナショナリズムを研究する歴史学者でもあるシュトルツルさんは語る。

「1960年代まではナチズムを研究するナチス政権だけが悪かったという議論だった。しかし、ドイツ軍が前線で戦っていたから、ナチスのSSが後方の強制収容所で大量虐殺を実行できたとも言える。しかも研究が進んで、戦争中、ドイツの東方ではドイツ軍とSSが渾然一体となっていたことがわかってきた。強制収容所へユダヤ人を運んだ鉄道関係者も虐殺者になるのかなど、話を広げていくときりがなかった」

90年の再統一を機に当時の首相コールは、再びドイツ全体の首都となったベルリンでノイエ・ヴァッヘを国立の追悼施設にしようと決意する。だがそれは、「ドイツ近代史の迷路」から抜けだし、統一ドイツの姿勢を国内外に示すものでなければならなかった。

何を弔うのか、コールは国立ドイツ歴史博物館の館長だったシュトルツルさんと話し合った。戦後の西ドイツにおいて、大統領は戦前への反省から政治的実権を持たないが、象徴的存在として社会に影響力を持つようになっていた。その大統領が積み重ねてきた演説を吟味する中で、「戦争と暴力支配の犠牲者」という表現に至った。

戦争と暴力支配の犠牲者とは

そうした演説の中で最も知られるのは、1985年5月8日、西ドイツの首都ボンでの「欧州の戦争とナチスの圧政の終結40周年式典」で大統領ワイツゼッカーが行ったものだろう。「ほとんどのドイツ人が国家の大義のためと信じて戦い苦しんだが、その努力は犯罪的な政権の非人道的な目標に資するものだった」とナチス時代を総括。「戦争と暴力支配によるすべての死者を追悼」するとした上で、「過去に目を閉ざす者は現在に盲目だ」と語った。

ノイエ・ヴァッヘでは、「死んだ息子を抱く母」の像の前の「戦争と暴力支配の犠牲者のために」の他に、もう一つ文章が刻まれている。入り口手前の右側の壁に金属板ではめ込まれ、追悼する「犠牲者」とはどのような存在かを列記している。

そこに「ドイツ人」や「兵士」という言葉は一言もない。「戦争で苦しんだ各民族」という壮大な対象から始まり、「殺害された何百万ものユダヤ人」など大量虐殺の犠牲者そのものが具体的に列記され、「良心を曲げるより死を受け入れた全ての人々」へまたぐっと広がる。

この文章もワイツゼッカー演説と言葉遣いが重なるが、実はシュトルツルさんが作ったのだという。「ナチス時代をどう見るか。今のドイツの教育のコンセプトにもなっているよ」

様々な「犠牲者」にWIR GEDENKEN（私たちは思いをいたす）という言葉が歯切れよく連なるところが格調高く思えたが、そこについては意外な説明だった。

「像の前の床にある文章の補足として急に作ることになったので、ワイツゼッカー演説から半分、他の大統領の演説からもパッチワークした。同じ言葉を繰り返して、かっこ悪いでしょう(笑)。コールや大統領、ユダヤ人団体の代表に根回しして何とかできたんだ」

この文章についてユダヤ人団体に相談したのは、コールの考えからだった。ナチズムを生んだドイツの国立施設で、大量虐殺の犠牲者もあわせて追悼することに関し、ユダヤ人のわだかまりをできるだけ和らげ、ユダヤ人も訪れる施設になってほしいという思いだった。中央慰霊館としての開館式典には、ユダヤ人団体の代表も姿を見せたという。

「コールはいつも、『首相の頃、ワイツゼッカーより少し前に同じような演説をしたのに、誰も褒めてくれない』と残念がっていた」とシュトルツルさんは笑う。「だからこの文章は、西ドイツの歴代の大統領と首相のコラージュなんだ」

そう言われて文章を読み直すと、冷戦下で対峙した東側を吸収する形でドイツ再統一にこぎつけた西側の矜持がにじむ部分もあった。最後の「1945年以降の全体主義に逆らったために迫害された女性たちや男性たちに思いをいたす」だ。このくだりは、ナチズムに絞って「真実の直視を」と訴えたワイツゼッカー演説には見当たらない。

「その全体主義というのは、スターリニズムだよ」とシュトルツルさんは言った。「ドイツ降伏後のソ連による西方への領土拡張で、1千万以上のドイツ人が東欧から押し出された。共産主義の独裁は東ドイツの人々も迫害した。だからノイエ・ヴァッヘは、ナチズムの犠牲者もスターリニズムの犠牲者も弔っている」

様々な思いが交錯した再統一直後のドイツで、「近代史の迷路」を抜け出そうとする国立追悼施設の建設計画は、連邦議会でも激しく議論された。それでもコールは自身が提案した翌1993年、中央慰霊館の開設に踏み切った。

「なぜなら結局、それはコールの個人的な物語が動機だったから。私もコールからそれを聞いて、反対論と戦ったんだ」とシュトルツルさんは語った。

ノイエ・ヴァッヘへの中央に据えられた「哀れみ」の像にまつわる、当時のドイツ首相の「個人的な物語」。それを述べるには、像の作者の話から始めねばならない。

息子を失った芸術家

「哀れみ（死んだ息子を抱く母）」の像のオリジナルの作者は、ドイツの芸術家ケーテ・コルビッツ（1867〜1945）だ。2度の世界大戦の間もドイツで活動を続け、庶民や家族の悲哀を暗い色調で多くの絵画や彫刻に表した。ケルンにあるケーテ・コルビッツ美術館のサイトで作品と生涯を概観できる。

「哀れみ」の像には、戦争に翻弄され苦悩した彼女の姿がある。

コルビッツの息子ピーターは1914年、18歳で第1次大戦に志願した。ドイツが1871

年に、近代国家として統一されたドイツ帝国として立ち現れ、列強の一員にのし上がって初めての戦争。ナショナリズムが高揚し、コルビッツも戦争に協力する女性団体に参加していた。

未成年のピーターは「祖国が僕を求めている」と両親に訴え、志願兵になることへの許しを繰り返し請うた。コルビッツも拒みきれずに夫に認めるよう求めた。戦場へ行ったピーターはその年に戦死した。

息子の死について、コルビッツの日記にはこうある。

「その時が、私が墓へと歩む老いの始まりだった。ヘルニアで腰は低く曲がり、まっすぐ立てなくなるだろう」

反戦の思いを強めたコルビッツは、1920年代後半からのナチスの台頭に危機感を抱き、社会党や共産党の連携を唱える。政権を取ったナチスに圧迫されながらも創作を続け、37年から2年かけて完成させたのが「哀れみ」だった。

37年のピーターの命日の日記には、このブロンズ像についてこう記されている。「私の老いを象ってきた経験の末に、小さな彫刻を作っている。それは哀れみのようなものになった。母は座り、その膝に死んだ息子が横たわっている」

コルビッツの初孫は第2次大戦で徴兵され、20歳を前に40年に戦死した。亡き息子にちなんでピーターと名付けられていた。コルビッツは5年後、空襲が激しくなったベルリンからの疎開先で77歳で死去。ドイツ降伏の半月前だった。

半世紀近く経った1993年、コルビッツの「哀れみ」の複製がノイエ・ヴァッヘに現れた。再統一されたドイツの中央慰霊館に欠かせない像として据える決断をしたのが、当時の首相コール。98年まで続く16年の長期政権の半ばだった。

首相コールと母の物語

戦後の西ドイツには国立の追悼施設がなかった。ナチズムがドイツ社会や国際社会に残した傷の深さから、何を弔うのか議論が収斂《しゅうれん》しなかったからだ。1990年の再統一を機に議論に終止符を打とうとするコールを、当時ノイエ・ヴァッヘを管理する国立ドイツ歴史博物館の館長だったシュトルツルさんが支えた。

コルビッツの「哀れみ」に込められた彼女の生涯が、第2次大戦で兄を失い悲しむ母を思うコールの「個人的な物語」に重なった。そうシュトルツルさんは回想する。

「コールはよく、子供の頃の家族のカタストロフィー（破局）の話をした。『兄が死に、母は泣いてばかりだった。首相官邸に〝哀れみ〟の像があり、訪れた米大統領のブッシュやクリントンにそれを見せて母の思い出を語った』と話していたよ」

ドイツが再統一されると、コールはノイエ・ヴァッヘに「哀れみ」の像を置けないかとシュトルツルさんに話し、さらにウィリー・ブラントに相談した。ブラントは70年代に首相を務め、東欧との融和を進めノーベル平和賞も受けた社会民主党の重鎮だ。戦後西ドイツで政権党を争ってきたキリスト教民主同盟のコールからの重い根回しだった。

ブラントは92年に亡くなる前に「とてもいいアイデアだ」と応じていた、とシュトルツルさんは明かす。「なぜならコルビッツは平和主義者で東ドイツでも有名だったからね。彼女の聖なるイメージは東西両ドイツで共有されてきた」

(写真右) ケーテ・コルビッツ＝1915年 © Käthe Kollwitz Museum Köln
(写真左) ドイツのコール首相＝1993年、朝日新聞社

だが、コールが率先して「哀れみ」を採用する方針を示すと、議論は再燃した。反対論には、もっと広く公募すべきだというものから、「哀れみ」のメッセージは感傷的すぎる、キリスト教の聖母像のようでユダヤ人の追悼にふさわしくない、そもそも元は王宮の近衛兵の詰め所だったノイエ・ヴァッヘで弔うのはおかしいというものまであった。

93年5月には連邦議会で議論となり、拙速だという批判も起きた。コールは議員らに反論した。「ドイツが20世紀に人々に与えたあまりに残酷な苦しみを思えば、戦争と暴力支配の犠牲者を追悼する表現を見つけるのは至難です。しかし『哀れみ』はそれをすべての人が理解できる形で表現しています」

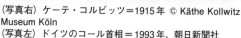

そして、コルビッツと自身の母を重ねるように、こう訴えた。

「この像は、ほとんどの記念碑に欠けているものを表しています。それは一人の母親や寡婦の悲しみにとどまらず、20世紀に続いた非人道的な破壊の中で女性が置かれた恐怖です。そして、そうした状況の中でも人間の尊厳を守るという義務です」

議論を続けるよう求める声もあったが、コールは1993年11月、中央慰霊館開設に踏み切った。「哀れみ」のオリジナルを4倍にして等身大に近づけ、中央に据えた。

シュトルツルさんは振り返った。「開設の式典に大きな混乱はなく、私は受け入れられたと思った。でもコールは心配だったみたいだ。最初の数年は時々こっそりと訪れて、隅に座って様子を見ていたよ」

「哀れみ」の像が語るもの

ベルリン滞在最終日の2月15日、私はノイエ・ヴァッヘの隣の国立ドイツ歴史博物館を半日かけて歩いた。展示は古代からベルリンの壁崩壊までだったが、うちわずか20年間ほどのナチス時代のスペースが4割ほどと圧倒的だった。

おそろいのパーカを着た生徒たちが、ナチス傘下の青少年団体に関する展示の前で、引率の男性教師の話を聞いていた。後で教師に聞くと「(英国の)スコットランドの高校から来ました。欧州の20世紀の歴史はドイツなしには語れません」と話した。

その「迷路」からコールが抜け出そうとし、いま欧州で共有されるドイツ近現代史の展示を見た後、私は改めてノイエ・ヴァッヘを訪れてコルビッツの「哀れみ」に接し、考えた。

この像は、ドイツの国民がまとまろうとするナショナリズムにとどまらず、より多くのものを背負い、より大きなものを表している。それは、ドイツがナチズムの教訓をもってナショナリズムを超えたことを示すのだろうか。

私のような通りすがりの外国人には、そんな美談に思えるかもしれない。だが、かたや私はベルリンを歩いたこのほんの数日間で、ドイツの人々の間に、再統一から30年の今もナチズムの教訓が風化しないよう腐心する営みや、西側に吸収された東側の不満と不安を垣間見ていた。「哀れみ」の像に私が感じたものも、ナショナリズムを超えた先にある希望や癒やしではなく、ナショナリズムの迷走で歪められた人生の不条理だった。

ノイエ・ヴァッヘは、分断を乗り越えたドイツにとって何かが解決されたゴールではない。再統一した国家をどう象るかを探る国民が、迷った時に立ち返る原点なのだろう。その原点を指導者としてうまく据えられたのだろうかという思いで、コールはノイエ・ヴァッヘの片隅から、「哀れみ」の像に去来する人々を見つめたのではないか。

すぐ外のウンター・デン・リンデン通りに出ると、ブランデンブルク門がある西へ陽が傾いていた。夕暮れの方にあるホテルへ私は歩いた。

第四章

フランクフルト

抵抗を学ぶ教育現場

「ドイツは移民の国です」BALANCEの街、フランクフルトは今

ドイツのナショナリズムを探る取材の旅は1週間になり、予定の半分が過ぎた。2月16日の日曜の朝、ベルリン中央駅からドイツ鉄道の特急でフランクフルトへ。国土を北東から南西へ大きく斜めに移動し、4時間以上かかる。

ドイツの地理に詳しい方はむちゃな旅だと思われるだろう。フランクフルト国際空港からドイツに入り、鉄道で南のミュンヘンまで行って一転、北東の首都ベルリンへ。そしてまだ旅の途中なのにフランクフルトへ戻っている（巻頭の「ドイツ取材の旅」地図参照）。

フランクフルトでは貴重な取材があった。高校生にあたる生徒たちが通うヘッセン州の州立校を訪ね、歴史の授業でナチス時代がどう教えられているかを参観するのだ。そのアポイントがドイツでの滞在期間の中盤に入ったので、前後を無駄に過ごさぬよう、特急乗り放題の外国人旅行者用パスを使ってあちこち回っているのだ。

特急がかつての東西ドイツ間の国境線を西へ越えウォルフスブルクの街に入ると、車窓からフォルクスワーゲン社の大工場が見えた。そこがまだこの日の旅程の3分の1で、昼過ぎによ うやくフランクフルト中央駅に着く。近くのホテルに荷物を置き、街へ。明日の授業参観後に

またすぐ移動なので、個性的なこの大都市の空気を少しでも吸っておきたかった。

国際金融都市からの視点

この取材の旅ではナチズムの教訓に焦点を当て、ナチスの拠点として歴史が刻まれた場所を主に巡っている。しかし、偏ってはいけないと思っていた。

世界の金融機関が集まり見本市でも有名なフランクフルトは、中世から交易で発展した都市であり、それが権力を引きつけ神聖ローマ皇帝戴冠式の地ともなった。第2次大戦で空襲に遭ったが復興し、戦後のドイツ経済を支えた。その地からドイツを考える視点も得ておきたかった。

ウィリー・ブラント広場にある欧州共通通貨ユーロのオブジェ＝フランクフルト

摩天楼に囲まれ、欧州の共通通貨・ユーロを象《かたど》るオブジェが立つ広場には、冷戦期に東ドイツとの緊張緩和に努めた西ドイツ首相ウィリー・ブラントの名がつけられている。そこを抜け、散策の人々で賑わうマイン川沿いを歩き、フランクフルト歴史博物館に着いた。

大きく2棟あるうち1棟は「収集家の美術館」。説明に「フランクフルトは昔も今も収集家と寄贈者の街です」とある。「市民」による収集品の市への寄贈は16世紀に始まり、この博物館が1878年にフランクフルト初の公共博物館としてできてからはここに収められ続けているという。

「市民」は英語でburghersと記されている。ブルジョアジー(中産階級)と重なる言葉だ。地球儀、本、絵画、陶磁器、硬貨、武器——。「世界をよりよく理解しようと彼らが収集した品々は、彼らの社会的地位を高めました」。フランクフルトで財をなした、ユダヤ人を含む12人の収集家が紹介され、コレクションが並ぶ。騎士の甲冑を小さな子が見つめていた。

もう一つの棟へ行くと、「マネーの街」というコーナーの冒頭に「フランクフルトは古くからの交易の街で、今のヨーロッパの金融の中心です」とあった。

ガラスケースにずらっと様々な硬貨が並ぶ。「12~18世紀はドイツは400の国に分かれ、それぞれコインを鋳造した『硬貨の帝国』でした。その全てがフランクフルトで交換できました」。いま本店がフランクフルトにある欧州中央銀行のようなものだ。

「ECONOMICS(経済)」「CREDIT(信用)」といったブースが並び、やさしい経済学といった展示が続く中で、「BALANCE(貸借)」が興味深かった。大きな宗教画を据えつつ、「収集家と寄贈者の街」フランクフルトに引きつけ、こう説いていた。

「富める者が蓄財の過程で成した罪としての『負債』は、祈り(教会への支援)や慈善事業といった『通貨』で返すことができました。その上、献金などはその寄贈者にとって常に、名声が高まり、記憶にとどめられるという象徴的な資本となりました」

この博物館もドイツの近現代史を扱う中で、ナチズムの悲劇に触れている。『アンネの日記』のアンネ・フランクとともに強制収容所で亡くなった姉のマルゴットに焦点を当て、フランク家を「フランクフルトで何世代にもわたるユダヤ人の家系でした」と紹介。フランク家もまたフランクフルトを支えた中産階級だった。

だがそうしたトーンは一区画に限られ、展示は現代へとどんどん迫り、「フランクフルトの今！」というコーナーに至る。数カ月ごとにテーマが変わる臨時展に広い空間が使われ、私が訪れた時は「普通ではない人生」というタイトルで移民について取り上げていた。

移民。ドイツとは何かを、ナチズムの教訓とは別の角度から問う重いテーマだ。

半分以上は移民にルーツ

展示自体はとても前向きだった。「ドイツは移民の国です。フランクフルトの人口の半分以上は移民にルーツを持ちます」と始まる。戦後に増えたトルコやギリシャなどからの移民に、その孫や親戚にあたる生徒たちがインタビュー。スーツケース一つでドイツに来て何とか仕事を見つけ、家庭を築いた人々の半生を、写真を交え紹介していた。

ただ、戦後のドイツは移民をめぐり揺れ続けている。この臨時展のきっかけとして「196

0年代に西ドイツから募集された『ゲスト労働者』を親に持つフランクフルト市民のアイデアだった」という説明があったが、この「ゲスト労働者」が移民問題の起点だった。

冷戦下の西ドイツでは1960年代にかけて経済成長期を迎え、労働力不足を補うためにトルコなどから一時的な「ゲスト」として移民を受け入れた。だがドイツに生活の拠点を築いた人々は母国に戻らず、共存が課題となった。

冷戦終焉後はEU(欧州連合)が東欧まで広がり、加盟国間を中心に労働者が移動する自由が明確に掲げられたが、トルコの加盟は人権問題などを理由に今も認められていない。さらに近年、そのトルコ経由でシリア内戦による中東からの難民が欧州へ大量に押し寄せ、これに対する反発がドイツでは新興右翼政党の台頭を招いた。

私は、ドイツがまとまろうとするナショナリズムを探るここまでの旅で、ナチスの巨大な遺構があるニュルンベルクでは暴走とその過去の直視を、冷戦で東西に裂かれたベルリンでは分断の克服への葛藤を見た。

フランクフルトで考えさせられたことは、全く異質だった。

国境を超えた結びつきが経済面で強まり、人間も豊かさを求めて国境を越えていく時、定住する国民が主人公であるはずの近代国家システムは人間を幸せにする存在であり続けられるのか。つまり、「移民の国」ドイツにおけるナショナリズムの存在意義とは何かだ。

フランクフルトでは現実に向き合い、模索していた。先の展示は「多様性は、177カ国から来た人たちが住むフランクフルトならではの財産です」と語り、その多様性を生かすために相互理解を進めようという思いにあふれていた。この臨時展は、政府に加え国内のトルコ人団体からも支援を受け、会場にはイスラム教のブルカを着けた女性たちの姿もあった。

移民の臨時展と同じ階に、二つの「島」が並んだような大きなジオラマがあった。よく見ると、フランクフルト市の全体像だった。

マイン川から高層ビルと中世の面影を残す建物を望む＝フランクフルト

「島」の間は人が通れるよう幅を広げてあり、市の中央を流れるマイン川にあたる。そそり立つ金融街の高層ビル群、中世の面影を残す木骨造の景観、紅葉が映える森。市内42地区の住民たちから寄せられた地域自慢の数々をミニチュアで作り込み、5年前にできたものだ。

ライン川支流とはいえ、日本なら一級河川にあたるようなマイン川で真っ二つに分かれるフランクフルトが、ひとつの街になっている。日本では考えにくいし、フランクフルトが「移民の国」ドイツの「多様性」を象徴するなら、なおさら興味深い。

ドイツという国のまとまりを支えるこうした都市の

一体感は、何によるのだろう。

都市は寛容であり続けるか

その一体感にはもちろん、歴史からくるものがあるだろう。フランクフルトでは、第2次大戦の空襲でほぼ廃墟になった市街を復興する際に地盤調査をして、この博物館のすぐそばで古代ローマ軍の駐留跡が見つかった。一方で歴史の不幸を免れた面もある。遠く東にある同じ名の都市は、第2次大戦後のドイツ領土縮小により、街の中央を流れていたオーデル川が国境線となってポーランド側と分断されている。

「マネーの街」の展示にあった「BALANCE（貸借）」の思想はどうか。かつてのフランクフルトでは、相互依存から成り立つ経済、広く言えば人間社会において、個人が富を積み増す行為に「負債」という罪の意識があり、教会への献金や慈善事業といった「硬貨」で償われることで、この街の弱者を包み込んでいたという説明だった。

そして「硬貨の帝国」の展示では、そのフランクフルトが、ドイツが近代国家としてまとまる以前の小国ごとに鋳造された硬貨の交換の場であったと語っていた。そうした諸都市のそれぞれのまとまりと互いのつながりが、近代国家ドイツを支えてきたのだろう。それは、石造りの家々が街全体に均整のとれた景観をもたらすドイツらしさに重なる。

だが、フランクフルトはじめドイツの諸都市は今後、増えていく移民や難民を経済成長のための「ゲスト労働者」のような形でなく、それを超えた理念で包摂《ほうせつ》していけるだろうか。新たなメンバーへの寛容さよりも排除へと諸都市がもし傾けば、総和としてのドイツのナショナリズム、つまり国民がまとまろうとする気持ちや動きも、排除へと傾くだろう。

フランクフルト歴史博物館で数時間を過ごし、そんな思いを抱えて街へ出た。空が暗くなり始めていた。古代ローマ軍が駐留し疲れを癒やしたという石造りの浴場の遺跡のそばを通り、10分ほど歩いて大聖堂に着いた。

神聖ローマ皇帝の戴冠式が行われた大聖堂では、入り口に物乞いの老人たちがうずくまっていた。赤いろうそくの炎が並んで揺れる玄関から礼拝堂へ。その入り口には警備員が立ち、奥で身なりの整った人々がミサに臨んでいた。

地下鉄でフランクフルト中央駅へ戻る。地下深くの構内の暗がりで男が2人、紙に粉を落として鼻から吸っていた。歩み寄り、ルーツは移民ですか、難民ですかと問いかける余裕はなかったが、現代の富の象徴と言えるこの国際金融都市で弱者の存在はあらわだった。

大都市に貧富の差はつきものと言えばそれまでだ。ただ、ドイツという近代国家のモザイクの一片をなし、博物館で「昔も今も収集家と寄贈者の街」と語られるフランクフルトの精神「BALANCE」がもたらすはずのまとまりは、そこには見えなかった。

10代で学ぶ「いかに抵抗するか」
ナチス政権の歪んだ罪と罰

ドイツの歴史の授業でナチズムはどう教えられているのか。それをこの目で見ることは、ドイツのナショナリズムを考える旅で欠かせなかった。

近代国家にとって、「国民」の教育に歴史認識の共有は欠かせない。だが、ナチズムは自国の繁栄のために、従う国民以外を虐げ、特定の民族を敵視して大量に殺害するという途方もない過ちをドイツ史に刻んだ。

過ちを繰り返さないという理念をドイツは戦後社会の土台とし、ナチズムを直視する姿勢を歴史教育に反映させているとは聞いていた。ただ、戦争を知る世代が減りゆく中でそうした凄まじい負の歴史に向き合い続けることは、敗戦国として似た問題を抱える日本人である私には、率直に言って離れ業に思えていた。

そうした教育は実際どのように現場で行われているのか。そして動揺はないのか。そう気をもんだのは、ドイツで今世紀に入り、時に「ネオナチ」と呼ばれる現象が起きていたからだ。移民にルーツを持つ人たちを狙う殺人事件が起き、難民排斥を訴える新興右翼政党が伸びていた。

授業参観には、フランクフルト近郊にあるヘッセン州立ハインリヒ・ハイネ校が応じてくれた。2月17日朝、フランクフルト中央駅近くのホテルからタクシーで南へ20分ほど。マイン川を渡り、ボーイングや東レといった外国企業の建物も見える郊外のオフィス街を抜け、落ち着いた住宅街に入ったところに同校はあった。

小雨のなか校舎へ入ると、廊下の奥から教頭のステファン・ロットマンさん(52)がにこやかに現れた。校内放送の鐘がコーンと3回鳴り、休み時間に一緒に教室へ。同校には10歳から日本でいう高校生にあたる生徒までがいて、廊下ははしゃぐ小さな子たちでごった返していた。15〜16歳のクラスの教室に入る。また鐘が3回鳴り、私服の生徒たちが椅子から立ち上がった。Gu-ten Mor-gen(おはようございまーす)と朝のあいさつは気だるい感じだったが、90分の歴史の授業が始まると空気が締まった。

テーマは「ナチズムへの抵抗の形」

24人が男女2人ずつ机を寄せて6班に分かれ、教師のローラ・スキピスさん(34)を見つめる。テーマは「ナチズムへの抵抗の形」。プロジェクターで写真が映し出された。右手を斜め上に挙げナチス式敬礼をする群衆の真ん中で、男性がひとり腕を組んでいる。

スキピスさんが「この男性は何を間違ったのでしょう」と問うと、ぱらぱらと手が挙がる。男子「ヒトラー式のあいさつをしていません」

筆者が参観した高校1年生にあたる歴史の授業。教師のスキピスさん（奥）のナチスに関する質問に生徒が手を挙げる＝フランクフルト近郊のヘッセン州立ハインリヒ・ハイネ校

女子「ヒトラーの支持者の集会でわざわざやるんだから、抵抗です」
スキピス「彼は労働者で、奥さんはユダヤ人でした。罰せられたと思いますか？」
男子「そうだと思います。だってユダヤ人と結婚していたんだから」
女子「こうした抵抗が初めてかどうかにもよります」
いきなり突っ込んだやり取りだ。教師も生徒も、写真の男性が実際に「間違った」とか、ユダヤ人との結婚が悪いとか言っているわけではない。ナチスの独裁政権下で何が「悪」とされたかを基準に話している。ドイツ人とユダヤ人の結婚を禁じたニュルンベルク法が当時あり、「違反者」としてユダヤ人の排除が正当化された歴史を理解した上でのやり取りなのだ。

スキピスさんが「彼はいったん捕まって解放されましたが、ユダヤ人の妻がいたからということで、また捕まって強制収容所に送られました」と引き取る。そして、「抵抗にはいろんな形があるという話をします。これを見てください」とプリントを各班に配った。

戦後ドイツの歴史学者デトレフ・ポイカートが、ナチス政権下での様々な形の抵抗を説明したグラフ「逸脱行動の形態」が記されている。

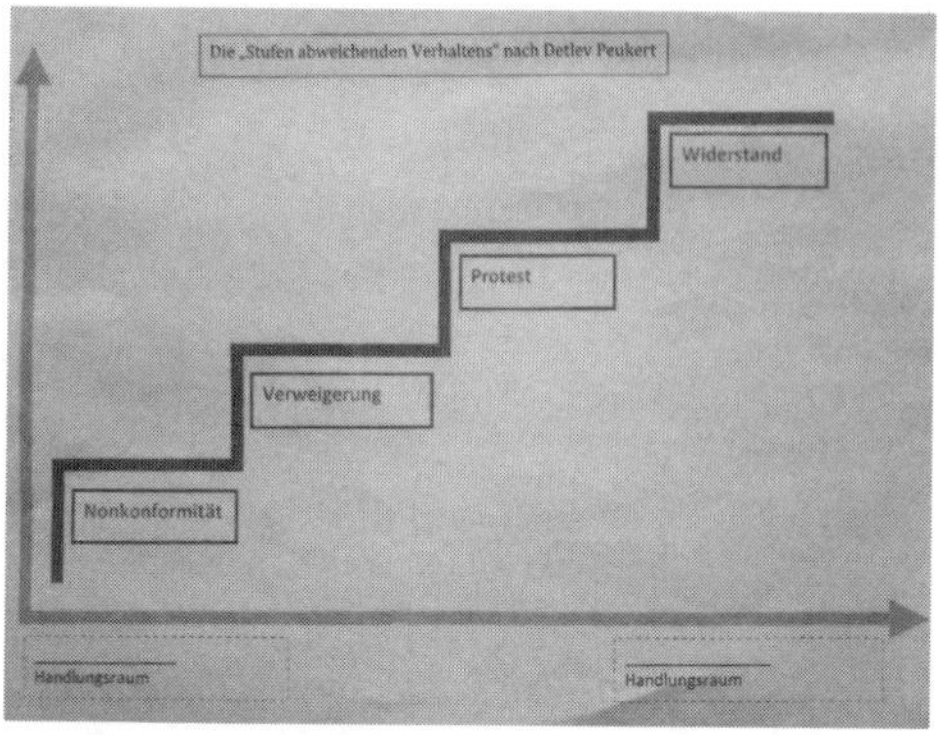

授業で配られた歴史学者デトレフ・ポイカートによるグラフ「逸脱行動の形態」

抵抗がエスカレートしていく状況を、縦軸はナチス政権の個別の問題に対してから政権全体に対して、横軸は私的な場から公的な場へと強まっていくことを示し、グラフの折れ線が階段のように右上へ伸びる。段が上がるごとに、「不適合」「拒否」「抗議」「抵抗」と4段階で表現が強まっていく。

授業はここまでで30分ほど。密度の濃さにいきなり驚いた。話を進める前に、ドイツの教育やこのクラスの位置づけを説明しておく。

ドイツの教育は州ごとに異なるが、大まかに言えば、日本の中学1年生にあたる7年生になると進路によって三つに分かれる。9年生で卒業して就職し職業訓練を受ける「ハウプトシューレ」、10年生で卒業して専門学校に通ったり事務職になったりする「レアルシューレ」、12〜13年生で卒業して総合大学を目指す「ギムナジウム」だ。

このクラスは「ギムナジウム」の10年生にあたる。授業の後で聞くと、ロットマンさんは「豊かな家庭の子や、そうでない子が交ざっています。ドイツでは親の収入と子供の教育が関係しないように取り組んでいます。学校はほとんど公立で各州に属し、このヘッセン州では授業料はいらず、教科書も州が買います」と話した。

歴史教育でナチズムを扱う手厚さについては、スキピスさんが「石器時代からベルリンの壁崩壊までを教えますが、10年生ではナチズムに4〜6カ月かけます。国語でも『アンネ・フランクの日記』などでナチスの話がよく出るので、『またか』みたいな反応も時々ですが」と話してくれた。そうした蓄積の上に、この授業がある。

生徒たちの手の挙げ方が、軽く指を立て頭の少し上ぐらいまでという感じなのが気になった。教室の後ろで一緒に授業を見ていたロットマンさんに、「ナチス式敬礼にならないようにですか」と聞いてみた。「いや、単に大人っぽく挙手してるんでしょう。小さな子たちは『先生先生!』と元気に挙げますが、それも真上にですから」

ナチス政権への抵抗の話に戻る。ポイカートのグラフの4段階の違いについて話し合った各班に1枚ずつ、6種類のプリントが配られた。6件の抵抗の実例だ。

敵性音楽である米国のジャズを聴く若者たち、説教でナチス批判をした聖職者、ヒトラー暗殺を計画した軍人――。大工のゲオルク・エルザーによるヒトラー暗殺未遂事件もあった。彼が処刑されたミュンヘン近郊のダッハウ強制収容所を6日前に訪ねたのを思い出した。

各班で、自分たちが与えられた抵抗の実例がポイカートの4段階のどれに当たるかを議論する。プリントには、抵抗した人がどんな処罰を受けたかまで書いてある。

授業の始まりから一番よく発言していた女子生徒、ヨハナ・ホンブルクさん(15)の班をのぞいた。この班の例は「白バラ」。ミュンヘン大学で反戦ビラをまいた学生のショル兄妹らが1943年にギロチンで処刑されるに至った、今もドイツで語り継がれる若者の抵抗だ。

ホンブルクさんが「ソフィーとハンス(ショル兄妹)がビラを配りました。ユダヤ人は悪くない、こんなことをしていてはドイツは世界から嫌われる、と考えてのことです」とすらすら説明してくれる。私が「処刑されるなんてどう思う?」と聞くと、向かいの男子が「学生だから許されると思っていたのかも。すごく怖い」と話した。

そこへ各班を回るスキピスさんが来る。「白バラ」が抵抗の4段階のどこにあたるかについて、ホンブルクさんが「殺されたんだから一番強い抵抗だと思います」と話す。スキピスさんが「ヒトラー暗殺計画を議論している班もありますよ」と言うと、ホンブルクさんは「じゃあ白バラは一つ下かな。手段は平和的だし」。

権力への抵抗の手段と処罰の重さという、際どい会話が自然に交わされている。生徒たちはすでに、ナチスの暴走に対して多くの市民が抵抗しなかったことも学んでいる。各班が自分の班の例について発表し、他の班から意見が出る。

もう授業は残り30分ほどになっていた。スキピスさんが呼びかけた。

「では、当時自分ならどの段階まで抵抗したでしょう。それぞれの段階を示した紙を前の床に置くので、そこに集まってください」

あなたならどうした？　考え、語り合う生徒たち

時の政権が理想の国家実現を掲げ、ヘイトから戦争へと発展する排外主義と拡張主義を率先している。そんな状況で、あなたならどうしたか。

生徒たちが教室の前方に出て行く。向かって左端の無抵抗から、右端の暗殺すらありうる最も激しい抵抗まで横に広がり、真ん中あたりが一番多い。授業で一番発言していたホンブルクさんは右端に行き、ふざけて友達に拳銃で撃つまねをした。

歴史教師のスキピスさんが生徒たちに理由を尋ねると、真ん中の男子が口火を切った。「自分の意見を持つのは大事だけど、公言して家族を危険にさらすのは無責任だ」

右端の男子が「僕は抵抗する。仲間を見つけるのは大変だし、家族のことも考えるけど、話せば家族も協力してくれるかもしれない」と言った。そして、「僕はギリシャ人だけど、二級市民と思われるのは嫌だ」と話した。

「自分なら当時ナチスにどこまで抵抗したか」という質問に対し、それぞれの立場を示すため並んだ生徒たち＝ハインリヒ・ハイネ校

彼の意見が唐突に響かないところに、戦後にナチズムを反面教師としながら試行錯誤してきたドイツ社会の懐の深さがある。

まず、ギリシャ人の彼がドイツの公立学校にいることに不思議はない。前日に訪れたフランクフルト歴史博物館の臨時展にあったように、1960年代に西ドイツが経済成長のため受け入れた「ゲスト労働者」には、ギリシャ人も含まれる。

いまやEUの加盟国同士であるギリシャからドイツへ労働のために移住し、子供がドイツの学校に通うことは自由だ。そして、ギリシャ人がドイツでそうした権利を持つにもかかわらず、彼が「二級市民と思われるのは嫌だ」と言うところが重い。

かつてナチス独裁政権が作ったニュルンベ

ルク法ではユダヤ人が二級市民とされ、ドイツ社会からの排除にお墨付きを与えた。彼はそれを今のギリシャ人と重ねて意見を述べている。ナチス時代と現代がオーバーラップしている。

隣のホンブルクさんが「どんな国籍でもドイツに住む人には同じ権利がある。その人のために私は一人でも抵抗する」と続く。すると真ん中の男子が「でも、当時は怖かったから抵抗したくてもできなかったんじゃないか」と言い、左端の男子が「抵抗なんて大変だ。普通じゃない行動をしたら、玄関を出たところから狙われるんだから」と話す。

生徒たちの意見は、ではEUの外からの難民にはどう対応するか、ネットならどんな抵抗ができるかといった、現代の話題にも及んだ。

またコーンと3回、授業終了を知らせる校内放送の鐘が響く。できるだけ多くの生徒に発言させ、Genau!（その通り！）と繰り返していた教師のスキピスさんは、OK. Vielen dank!（ありがとう！）と締めた。結論は出さなかった。

授業の後、ホンブルクさんに感想を聞いた。「抵抗の話だけをこんなにしっかりやる授業は初めて。自分と社会の関係をすごく考えました。今も性差別とか、抵抗しないといけない問題はたくさんありますから」。歴史の授業は好きですかと聞くと、「大好きです。Aをもらってます」とほほ笑んだ。

強制収容所の見学が議論のきっかけに

付き添った教頭のロットマンさんと教室を出て、休み時間で賑わう廊下をまた通り、教頭室で話す。教室の片付けを終えたスキピスさんが加わり、「今日はみんなまじめでした。日本からゲストが来るというので」と笑った。

まずナチズムの歴史を詳しく教える意義をスキピスさんに尋ねると、「歴史として孤立させずに、今の民主主義にどう結びつくかを教えたい。親にも抵抗できるぐらいにならないといけないと思います」という答えだった。

「親にも抵抗」と聞いて、大学生と高校生になる2人の子を持つ私はちょっと引いてしまった。そもそも民主主義から独裁が生まれたナチス時代に、抵抗はまれだった。その抵抗についてなぜ今回、歴史好きのホンブルクさんも驚くほど突っ込んで教えたのか。

きっかけは、強制収容所跡の見学だったという。

「生徒たちはこれまでの授業でナチズムについて、全般的なこと、ユダヤ人や他の少数派への迫害、若者が操られたことを学び、ブッヘンバルト強制収容所跡を見学しました。すると、抵抗はなぜ広がらなかったのかという質問が次々と出てきました」

スキピスさんは「私は正しい情報を生徒たちに伝えるよう心がけています」と前置きして、ナチス政権下の市民の無抵抗と抵抗についてどう教えているかを、さらにかみ砕いてくれた。

「ナチス政権の行為」も「多くの市民の無抵抗」も、生徒たちは「全般的なこと」としては学んでいた。これまでの授業ではそこから、ではナチス政権の行為を当時の市民はどこまで知っていたのかというところまで掘り下げていた。

「生徒たちはまず、強制移住や強制収容所について当時多くの市民が話を聞き、日頃話題にしていたことを学び、そのことをブッヘンバルト強制収容所跡の展示で確認しました。次に、そうしたナチス政権の行為を多くの人が知っていたのであれば、なぜ抵抗が広がらなかったのだろうと考え始めたのです」

スキピスさんは生徒たちに、抵抗はあったが、処刑や強制収容所送りまでする罰によって弾圧されたことや、結局ナチス政権を止めたのは抵抗でなく敗戦だったことを教えていた。その上で、私が参観した授業では、ナチス時代の抵抗を形態別に分ける学説をふまえて議論し、生徒たちに「自分ならどの立場をとったか」を考えさせたのだった。

「命をかけて非人道的な行為に立ち向かった人たちがいて、失敗はしても、平等や人権、民主主義といった理念は戦後の基本法（憲法）に継がれていることを伝えようと思いました。そうした価値を守るために時には戦わないといけませんが、忘れられもします。いま極右勢力が脅かすそうした価値を生徒たちに想起させることが、とりわけ大切です」

授業では現代の政治問題には踏み込んでいなかったが、スキピスさんは次回の授業でも抵抗をテーマとし、ナチス時代ではなく、現代で自分はどうするかを生徒たちと議論したいと話した。「あなたにとっては今の社会で何が大切か。そして、抵抗すればよりよい方向へ変えられるかもしれないということについてですね」

生徒たちはすでに、今回参観したナチス時代の「抵抗」に関する授業で「当時、自分ならどういう立場を取ったか」を語り合う中で、現代に引きつけた議論へと発展させていた。

実は私はこの2日後、今回の授業で生徒たちが「抵抗」を議論するきっかけになった、ドイツ中部チューリンゲン州にあるブッヘンバルト強制収容所跡を訪れることになる。詳しくは後で記すが、スキピスさんの話に関わる部分だけ先に触れておく。

収容所跡の記念館の展示に、戦後ドイツでの「過去への対処」について、「長年、多くのドイツ人が（ナチスの掲げた）『第三帝国』で自身が果たした役割を振り返りたがらなかった」という説明があった。後日メールでスキピスさんに伝えると、こんな返事が来た。

「その点は今も議論が尽きません。特に年配者にナチスの犯罪を知らなかったと今も言う方々がいることとは、生徒もよく知っています。だからナチス政権下で抵抗が広がらなかったことについて、疑問が尽きないんです」

スキピスさんがナチズムについて詳しく教える意義について、「今の民主主義にどう結びつくかを教えたい。親に抵抗できるぐらいにならないと」と話していた意味がわかった気がした。

このドイツの旅でまずニュルンベルクを訪れた時、当地で開かれたナチス党大会の遺構で展示に携わる博士のマルチナ・クリストマイヤーさんは「ドイツには熱心な教師が多く、生徒をあちこち見学に連れて行ったり、生き証人に聞く機会を設けたりする。そういう教師に学ぶことで、生徒の歴史への見方はずいぶん変わります」と話していた。その一端に触れた思いだった。

欧州の理念はドイツを導くか
現場で模索する教師たちとの対話

ヘッセン州立ハインリヒ・ハイネ校で、教頭のロットマンさん、歴史教師のスキピスさんと、こぢんまりした教頭室でコーヒーを飲みながら話している。

近代国家にとって「国民」の形成に欠かせない歴史の共有において、ナチズムという途方もない負の歴史を直視するドイツの離れ業の現場を見たいというのが、授業参観の動機だった。だが現場で見たやり取りは、そんな私の思い込みを払拭するごく自然なものだった。

ナチス時代に関する研究の蓄積を教師が生かし、当時の政治と社会の動きを一つ一つ確認しては生徒を次の疑問へ導く。それは、ドイツが第2次大戦前にいったん手にした民主主義が生んだ独裁の暴走を繰り返さないことが、戦後民主主義の合意であることを生徒たちに確認させつつ、これからその一員となる自分がどう関わるかを考えさせることにつながっていた。

2人の話を聞きながら、歴史教育が2層になっているということではないかと考えた。ドイツの歴史教育は、日本のように日本史と世界史といった形には分かれておらず、欧州におけるドイツという視点を基本に、石器時代からベルリンの壁崩壊へと流れていく。だが、この学校の高校1年生に当たる学年では4～6カ月かけて学ぶというナチス時代と、それ以外の時代に対して、アプローチが大きく二分されている。

　石器時代以降の基本的な時系列を、欧州大陸中央のこの地域にドイツというまとまりが現れ、発展した経緯として学ぶ。その上で20世紀以降のドイツの民主主義の歴史を、現代の民主主義に生かすために学ぶ。主権者となった国民がまとまろうとする気持ちや動きを私はナショナリズムと考えるが、その意味でこの2層の歴史教育は、ナショナリズムの陶冶《とうや》に合理的だ。

　ドイツの民主主義の歴史について言えば、第1次大戦の敗北で帝政が終わり、ワイマール共和国で民主主義を手にしたが、世界恐慌への対応に政治が迷走する中でナチス独裁が生まれた。暴力的な排外主義を前に市民は無抵抗に陥り、ナチス・ドイツは戦争とホロコースト（大量虐殺）という、ナショナリズムの最悪の形へ突き進んだのだった。

　つまり、ナチス時代はドイツのナショナリズムと民主主義の関係において巨大な反面教師であるからこそ、授業で多くの時間が割かれる。過ちを繰り返さないという意味で今日の社会のあり方と深く結びついており、ＥＵの拡大や移民・難民への対応など、ドイツ再統一以降のテーマを扱う現代社会や公民といった分野におのずと重なってくる。

ドイツの教育について話すロットマン教頭＝ハインリヒ・ハイネ校

「ネオナチ」にどう向き合うか

そんなドイツの歴史教育を担う人たちをいま悩ませるのが、スキピスさんの言う「ナチス時代の抵抗の理念を継いだ戦後の基本法（憲法）の価値を脅かす極右勢力」だ。

戦後ドイツの基本法は、人間の尊厳保護を国の義務とし、自由で民主的な秩序を侵害する政党を違憲と明記した。だがドイツでは近年、憲法の理念を重んじて中東から大量の難民を受け入れたメルケル首相を新興右翼政党が批判し、勢力を伸ばした。

スキピスさんは、極右勢力がネットを通じて若者に与える影響を危ぶむ。「短いフレーズとびっくりマーク（!）。ユダヤ人は本当に600万人も殺されたのかという主張すらある。生徒たちは時々『ネットに書いてあることは本当？』と聞いてきます。それも氷山の一角で、生徒たちがネットで何を書いているかまでは私たちにわからない。大きな試練です」

ロットマンさんも悩ましげだ。「いつの時代も隠れた人種差別や偏見はあって、うちの学校にもネオナチ的な考えの子がいるかもしれない。困るのは、これまでドイツをまとめてきた基本法の価値観に対する疑問を公言する極右勢力が出てきて、政治的な緊張が生まれていることです。だから、若者が誘惑されないような教育をしないといけない」

それはどんな教育なのだろう。ロットマンさんは「意見を平和的に主張し、互いに耳を傾けられるようにする教育が、この10年間でますます大事になったと思います」と話した。確かに今回参観した授業では、スキピスさんは教師というより司会者といった振る舞いで、次々と手を挙げる生徒たちにできるだけ発言させていた。

ただ、ロットマンさんの言うように授業で民主主義における表現の自由の意義を確認することとは、かつてナチスがプロパガンダ（宣伝誘導）を駆使し選挙で勢力を伸ばしたこととの関係でジレンマとなる。ネットも使い排外主義を唱える勢力が選挙で得票を伸ばせば、それも一つの民意の表れと言える。そして、教育の場では教師は政治的中立を保たねばならず、特定の政党の動きに注意を促す言動はできない。

ロットマンさんは、難民問題への処方箋として、極右勢力が叫ぶ排外主義ではないものを示すことが大事だという趣旨で、こう話した。「現代のドイツの課題は難民への対応です。最近大きな波が何回もあった。異なる文化を持つ難民をどう社会に統合するかという意味で、この学校のようなヨーロッパシューレが取り組む教育の重要性が増しています」

ヨーロッパシューレの可能性

「ヨーロッパシューレ」とは、直訳すれば「欧州の学校」。欧州全体の将来を担う人材を育てようというEUのプログラムで、学校単位で申請して認められれば資金が援助される。各国合わせて約340校、ヘッセン州では州立校全体の5%にあたる34校が認定され、ハインリヒ・ハイネ校も含まれる。認定継続には数年ごとの評価をクリアしないといけない。

同校はフランスやスペインにもあるヨーロッパシューレと協力し、生徒たちが行き来して毎年ワークショップを開き、地球温暖化や移民政策などの問題に「欧州市民による民主主義」としてどう対応すべきかといった議論をしている。ロットマンさんは「寛容で開かれ、互いを尊重する欧州という存在を、生徒たちの心に浸透させたい」と話す。

そうした教育は、欧州の理想を目指すというより、欧州の現実に迫られたものなのだろう。EU加盟国内を中心に労働者に移住の自由が認められ、今回の授業参観で見たように、ドイツ人でない生徒が公立校の教室にいるのが当たり前になっている。国際金融都市フランクフルトを抱えるヘッセン州の州立校でヨーロッパシューレが5%というのは、むしろ少なく思えた。

欧州では外からの難民への対応に各国が苦慮しており、英国は「この国の能力を解き放つ」(ジョンソン首相)としてEUを2020年1月に離脱した。そのEUの中心にドイツはいる。

2度の大戦の教訓から世界に先駆け地域統合を進めた欧州という存在は、ナチズムの教訓を包摂する理念として、難民への対応に揺れるドイツを今後も導けるだろうか。「ナショナリズムが孤立主義に傾かないよう、生徒たちに将来の展望を描いてみせることが、教育者として大切だと思っています」とロットマンさんは話す。その熱意が実ることを願いつつ、貴重な授業参観に感謝を述べ、降り続く小雨のなか校舎を後にした。

この授業参観の記事を朝日新聞の論考サイト「論座」で当初書いていた2020年9月、フランクフルトの北西約200キロのケルン近郊に住む通訳者の小野フェラー雅美さんから手紙が届いた。1970年代末からドイツで暮らす小野さんは、自身の子供たちが公立校に通ったノルトライン・ウェストファーレン州の教育について、かつて専門誌に寄せた記事のコピーを同封してくれた。私がヘッセン州で考えた「ドイツの歴史教育は2層になっている」という見方とかみ合う内容で心強く、少し引用させていただく。

「ナチズム台頭の推移と結果を特別取り上げるのは、このハインリッヒ・ベル統合学校に限らない。歴史の時間では、9年生（中3）と10年生（高1）でワイマール共和国時代から現代までを扱うことが、州の指導要領で必修とされている。太古から現代を時代順に教え、ワイマール以降には時間を割けない、ということはありえない。（中略）ニコラウス・クザーヌス・ギムナジウムでは、外国人生徒の割合は他のギムナジウム同様5％以下とかなり少ないのだが、1年を通して『なぜ第二次大戦に至ったか、そしてそれがどういう戦争であったか』をほとん

どの学科を通じて学ぶ」（『中学教育』小学館　２００４年10月号）

小野さんは手紙の中で私の授業参観に触れ、「現場でご覧になった内容は、それに則った授業の一部だったと思います。同封したのは古い記事ですが、内容は統計以外はほとんど変わっていません。２０１５年以降、難民受け入れ数がかなり増えたので、外国人子弟の割合はぐっと増えています」と述べた。そして「ナチの過去が繰り返されないために」と、ナチス時代に関する教育が同州で義務化されている重みを強調した。

第五章

ブラウンシュバイク

戦後の和解支えた国際教科書

「国家の物語」を超えて
歴史教科書で探る戦後ドイツの和解

ドイツ西部のフランクフルトで取材を終え、ドイツ鉄道の特急で北東へ2時間半ほど。2月17日の夕方に北部のニーダーザクセン州・ブラウンシュバイクに着く。西の州都ハノーファーと東の首都ベルリンの間では最も大きなこの街に、ナショナリズムを探る旅でやってきた。

ブラウンシュバイクは中世から交易が盛んだった。都市連合ハンザ同盟の一員として栄え、獅子王ハインリヒや息子で神聖ローマ皇帝となったオットー四世が拠点とした。翌日昼、その獅子のブロンズ像を大聖堂などが囲む石畳の広場を歩いて抜け、ゲオルク・エッカート国際教科書研究所を目指した。

この街はドイツ再統一前は西側にあったが、東へ20キロほどの州境の向こうは東側だった。そんな街に冷戦当初の1951年、この国際教科書研究所の前身ができた。第2次大戦に敗れたドイツと、侵略を受けた周辺国との歴史認識をめぐる対話を支え、ポーランドやフランスと共通の教科書出版にまでこぎ着けたことで知られる。

歴史認識と言えば、東アジアでも悩みの種だ。20世紀前半の日本の中国への侵略、朝鮮半島での植民地支配が、日本、中国、韓国、北朝鮮がそれぞれ近代国家としての由来をどう語るかに影を落とす。過去をどう捉えるか、過去にそもそも何があったのかをめぐる齟齬《そご》が、今も日本と各国の政府の間でしこり、各国民に排外的な言動を生む。

そもそも人間社会が生んだ近代国家が、その由来を共有する「国民」を形成するために歴史教育があるとすれば、特にかつて「加害者」と「被害者」の関係にあった国同士は、歴史認識の齟齬が関係悪化をもたらす螺旋《らせん》から逃れられないのではないか。最近では日韓関係を見るにつけ、そんな悲観にとらわれる。

だがこの研究所は歴史教科書のさらなる可能性を追求する形で、ナチスが蹂躙《じゅうりん》した欧州でドイツと周辺国の対話を進めた。ナチズムという巨大な負の遺産は、フランクフルトの授業参観で見たような国内の教育にだけでなく、戦後外交での和解にまで生かされていた。

なぜそんなことができるのか、ぜひ話を聞きたい人がいた。中心街から住宅街にさしかかるあたりまで30分ほど歩き、2階建ての白壁の研究所に着く。階段を上って廊下奥の所長室で、初老の男性がにこやかに迎えてくれた。

エッカート・フクスさん(58)。2015年からここで所長を務める歴史学者だ。コーヒーをいただきながらのインタビューは、研究所の由来と活動から、歴史教科書の可能性、そしてドイツの教育や新興右翼政党の伸長といった現状にまで及んだ。

そのやり取りは、私が今回の旅で垣間見た、ナチズムの教訓をもってナショナリズムを陶冶《とうや》するという戦後ドイツの営みの核心に触れるものだった。丁寧に紹介したい。

創設者にナチス参加への反省

——ドイツは第2次大戦で侵略した欧州の国々と戦後に和解しましたが、この研究所はそれに向けた対話を、それぞれの国のナショナリズムと縁の深い歴史教科書を通じて促してきました。まず、どうしてそのような活動が始まったのかからうかがいます。

戦後ドイツは欧州に居場所を見いだすため以前の敵と和解せねばならず、冷戦で東ドイツと分断された西ドイツでは、まず西欧の国々と向き合いました。しかし、フランス、イギリス、ベネルクスなどの国々の教科書は自国を熱狂的に讃えるステレオタイプに満ちていました。将来を担う子供たちの心を平和へと向けるためこの問題に取り組まねばならないというのが、この研究所の前身を1951年に、ゲオルク・エッカートが30代後半で立ち上げた時のアイデアでした。歴史学者のエッカートは、戦前は歴史や地理の学者で、師に逆らえずナチスに加わって教師を務めたことを反省していました。

エッカートは、ドイツと西欧各国との二国間で歴史研究者による教科書委員会を次々と立ち上げ、互いの教科書をチェックし、ステレオタイプを排除しようとしました。ただし軌道に乗るには60年代半ばまでかかりました。ナチス時代を直視できる世代へと交代し、ナチズムの教訓がコンセンサス（社会の合意）として現れるのを待たねばならなかったのです。

70年代には東欧の国々との対話も始まりましたが、そこには政治的な意志も必要でした。その最も有名なイメージは西ドイツの首相ブラントの謝罪です。70年にポーランドを訪れ、ユダヤ人強制移住の記念碑の前で跪《ひざまず》いた。政治的な意志が、戦後ドイツに対する国際的な理解を改善し、国内ではナチス時代を直視する教育の改革につながりました。

教科書対話の活動が認められ、エッカートはUNESCO（国連教育科学文化機関）の西ドイツの委員会の長にもなりますが、74年に亡くなります。75年にニーダーザクセン州議会が、エッカートの名を冠した今の研究所を全国的な組織とする決議をし、財政支援を求められた他州はほとんど応じました。それまで教育者団体からの寄付が主だった研究所の財政基盤が、ようやく整いました。

国家の歴史は世界に包摂されるべき

――そもそも近代国家は、国民をまとめるために歴史を語ろうとします。それでもこの研究所が歴史教科書を通じた国際対話を追求し、特にドイツとポーランドというかつての敵国同士での共通教科書を実現までこぎ着けたこだわりとは、何なのでしょう。

私は教科書を、あらゆる人が手に取って意思疎通に生かすメディアだと考えています。

知識や技術を継承することで、社会を文化的に象《かたど》るものだからです。そうした教科書が国際社会のために役割を果たせると思うからこそ、この研究所があります。

確かに歴史や社会の教科書には国家や国民の正統性を示すという役割があり、各国の物語、つまりアイデンティティーの形成に欠かせません。その教科書を分析することで、それぞれの国が何を包摂し、何を排除してきたかをめぐるパターンが見えてくる。各国内で重んじられてきた合意を顕在化させることで、他国との接点を探ることができるのです。

近代国家の建設過程が歴史教科書に記されることに疑問はありません。ただし大事なことが二つあります。まず、国家の物語と、ナショナリスティックな物語

取材に応じるゲオルク・エッカート国際教科書研究所のフクス所長＝ブラウンシュバイク

は違うということです。後者は今も多くの国々の教科書にみられます。例えば今世紀に入りユーゴスラビアの分裂で誕生した諸国では、新しく生まれた自国を正当化しようと、自分は周りの国よりも素晴らしいと言いがちです。

次に、国家の物語は地域や世界の歴史に包摂されねばなりません。ドイツの出来事が、隣国、欧州、世界の出来事といかにつながってきたか。その意味で共通教科書は、単なる二国間関係ではなく、両国が共有できた視点から地域の歴史を書く貴重な存在です。

もちろん敵国同士が歴史への視点を共有することは難しいものです。第2次大戦でドイツは隣国ポーランドをソ連と分割して収奪し、独ソ戦の場として破壊しました。逆にドイツ敗北による領土縮小でポーランドとの国境が西へずれ、数百万のドイツ人が追放されました。

それでも、西ドイツで世代の交代と政治の意志によってナチズムの教訓という合意が社会に築かれ、それが冷戦終焉による再統一の後にも継がれたことで、ポーランドと粘り強く対話を続けることができた。そして2020年、二国間の視点から欧州の歴史を書く共通教科書の出版がようやく完結することになりました。

和解には政治の意志を

——これからの歴史教科書にどのようなことを期待しますか。

教科書は軍事的な紛争を解決することはできませんが、歴史をめぐる国際対話が相互理解を育む過程に、教科書がメディアとして貢献するよう願っています。ドイツの歴史教科書にもまだ自国中心的なものが多い中で、他国との共通教科書はドイツにより広い視野を与え、その歴史を世界に結びつけることを助けています。

東アジアについて言えば、私は日本や中国、韓国に行くたびに、欧州の共通教科書の中身を聞かれます。しかし私は東アジアの専門家ではなく、教科書に何を書くべきかは言えません。伝えてきたことは、対話のプロセスでの経験、つまり、いかに各国の識者が同じテーブルについて歴史的な争点を議論し、共通点をそれぞれの教科書に反映させるかということです。

そもそも歴史教科書は政治的なものです。日本もそのすごくわかりやすい例でしょう。そして、和解に向けても政治的な意志と社会の合意が必要です。それがなければ歴史教育を変えることはとても難しい。前向きな動きを望みます。

私は最近のドイツについても、どうしても聞きたかった。ナチズムの教訓を重んじる政治の意志と社会の合意を、排外主義的な動きが揺るがしているように思えたからだ。

歴史教育の現状はどうなのだろう。共通教科書は普及しているのだろうか。

新興右翼に対し歴史教科書は何ができるか

——ドイツでは、今世紀に入り「ネオナチ」と呼ばれる現象が起きています。移民にルーツを持つ人々を次々と射殺したり、中東からの大量の難民を受け入れた政府を批判する新興右翼団体が勢力を伸ばしたりしています。現状をどう見ていますか。

戦後、欧州の旧敵国と和解し共存する必要があったドイツは、歴史の解釈でコンセンサスを築いてきました。2度の大戦を経てナチスを生んだ罪を受け入れ、教育に反映させ、ホロコースト（大量虐殺）を疑う人はいなくなった。しかし今、戦後初の大きな試練に直面しています。その合意を新興右翼政党が揺るがそうとしています。

この研究所ではドイツの歴史的な罪だけでなく、移民、多様性、ジェンダー、過激主義といった、欧州全体が直面する現代の課題についても、国内外の教科書を分析、比較し、認識を共有するよう提言してきました。しかし社会は複雑さを増すばかりで、しかも現在進行形の問題は白黒をつけがたい。改訂が数年に一度の教科書で扱うことは困難です。

欧州各国がそうした問題を抱える中で、ドイツではポピュリスト政党が反ユダヤ主義や過激主義をあおり、難民受け入れや同性愛を批判するデモが目立つようになりました。幸いそうした動きに反対するデモもあり、教科書を見直すまでの話にはなっていませんが、排外的なナショナリズムが起きていることは確かです。

共通教科書の普及に壁

――この研究所は、かつてドイツが侵略したポーランドやフランスと二国間で歴史認識を共有する教科書の出版にまでこぎ着けたことで知られています。その共通教科書を生かせば、排外主義の改善に役立つのではないでしょうか。

まずドイツの教科書システムを説明します。連邦制で16州それぞれに教育を担当する省があり、学校で教科書を使ってほしい出版社は各州の認証を得る。このブラウンシュバイク市の学校が使う歴史教科書だと、ニーダーザクセン州が認証した教科書リストの中から、学校単位で教師が相談してどれを使うかを決めます。

国内には歴史と地理だけで1500種もの教科書があります。私たちが関わった共通教科書を各校で選んでほしくても、わかりやすさや、大学受験への対応などからふつうの教科書になりがちだし、ドイツ西部の州であれば遠い東のポーランドとの共通教科書はますます使われにくい。フランスとの共通教科書も歴史より外国語の授業に使われることが多く、残念です。

ドイツ政府にもっと後押しをしてほしいが、傲慢なところがあります。欧州全体としての歴史認識を育もうという国際的なプログラムがあり、私は去年外務省に行き、参加するにはそれに対応する教材が必要だと働きかけました。ところが答えは「参加しません。なぜならドイツの教科書はすでに素晴らしいからです」というものでした。

――最近、ドイツの教育制度に変化はあるのでしょうか。

重要な変化は、2004年以降にコンピテンシー（適応性）重視の教育が広まったことです。国際的な学習到達度調査であるPISAでドイツの2000年の結果がふるわず失望が広がったので、各州の教育文化担当相が集まる会議で指針を転換し、知識を詰め込むインプット重視から、知識を活用するアウトプット重視へと変わっていきました。

例えばフランス革命や産業革命について、年号や重要人物の名前を覚えることにこだわるのではなく、歴史における革命の意義といった大きなとらえ方で、多角的な視点や批判的な分析をふまえて考えます。教科書には様々な素材や出典が示され、生徒たちはそれを自分でアレンジしながら学習していきます。この研究所が出版に貢献した共通教科書は、まさにそうした精神の産物です。

ただ、こうした形の教育を突き詰めていくと、最近のドイツとの関係で難しい面もあります。排外主義を唱える新興右翼政党が議会で一定の支持を得るようになったのなら、なぜ彼らの主張を支持してはいけないのかという疑問が出てくるのです。

確かに歴史には解釈が欠かせないし、世界に視野を広げればグレーな分野はいくらでもある。例えば反ユダヤ主義は許されないが、中東でユダヤ人が入植したイスラエルと周辺国の紛争についてイスラエルを批判することが反ユダヤ主義かと問われると、たぶん教科書の著者に答えはありません。難しいところです。

教科書で社会を束ね直す

――フランクフルトで歴史の授業を参観しましたが、政治的中立を求められる教育現場での対応には、限界があるようにも思えます。

教科書に書かれたことが生徒たちの心に届いて過激主義が抑えられる、という具合にまっすぐにつながる道はありません。家庭や地域、宗教、ネットなど、成長していく子供に影響を与える要素はたくさんある。政治について批判的に考えることは民主主義にとって重要ですが、教師は特定の政党の是非を教室で語ることはできません。

ただ、ドイツの生徒たちは歴史教育によって、欧州のコンセンサスとしてのナチズムの教訓を学びます。例えば難民への対応で議論があっても、外国人はドイツに害をもたらすから排除すべきだといった主張は、ナチス時代と同様の偏見だということでカウンターされます。生徒たちは様々な意見を表明しながら、超えることのできない社会の合意を知ります。

もちろん、教科書に示される歴史的な社会の合意は、現代の問題や国際社会との関係において常に問い直されねばならず、そのために私たちは数年ごとに改訂される教科書をチェックして提言しています。それは、欧州が分断ではなく連帯によって対応すべきだという認識をドイツに広め、社会を束ね直すことに役立つはずです。


10日目になるドイツの旅で珍しく晴れた午後、ポプラに囲まれた研究所の窓から差し込む木漏れ日が傾き始めていた。所長の机に着いてもらったフクスさんを撮影していて、そばの壁に創設者の歴史学者、ゲオルク・エッカートの遺影が掛かっているのに気づいた。

フクスさんと姓名は逆だが「エッカート」が重なる。親戚ですかと尋ねると笑って、「残念ながら、全然関係ありませ

国際教科書研究所の前身を1951年に創設したゲオルク・エッカート＝ブラウンシュバイク

ん」。別れ際に出身が「ポツダム会談」のポツダムと聞き、「ああ、ベルリン近郊で旧東ドイツの」と調子を合わせようとしたら、「ベルリン近郊？　プロイセン王国の美しく古い都だよ」とおどけた感じで返された。

しまった——。私の出身の京都を大阪近郊と言われた感じだろうか。「お好きなだけどうぞ」と言われ約2時間、拙い英語での質問に丁寧に対応するフクスさんの寛容さには、奥さんが日本人でいらっしゃるつながりもあったかもしれない。インタビューは和やかに終わった。

ドイツの国際教科書研究が開く世界
170カ国超から入手の図書館を探検

欧州を中心に各国の歴史教科書が偏らないように調査し、対話を促す独立系シンクタンク。この国際教科書研究所をこうざっくり表現すると、ナショナリズムの超克を目指す組織のように思われるかもしれない。

だが実際に訪ね、所長のフクスさんにインタビューして、ここはむしろドイツのナショナリズムに欠かせない組織だと実感した。私が前提とする、ナショナリズムとは国民がまとまろうとする気持ちや動きであるという意味においてだ。

戦後のドイツは、人権を蹂躙し他国を侵略したナチズムの教訓をもって、ナショナリズムの陶冶に努めてきた。教科書を通じた国際対話でかつての敵国と共有できる歴史認識を探り、いま大量の難民で高まる排外主義を抑えようとするこの研究所の営みは、そんな戦後ドイツの歩みに大きく貢献してきた。

研究所がその前身の時代から約70年間かけ世界へ広げた対話は、かつての敵国のナショナリズムの陶冶にもつながりうる。さらに、研究所がその対話の網を手繰って集めた17世紀からの教科書など資料28万点と、デジタルアーカイブ化の推進は、その名の通り世界に教科書研究のインフラを提供している。

フクスさんへのインタビューを終えて2階の所長室を辞し、ゲオルク・エッカートの遺影が壁に掛かる階段を降りる。研究所は築40年近くになる白い石造りの2階建てで、中枢をなす図書館は1階と中2階、地下1階を占めている。

司書のカースティン・シャッテンバーグさん(53)の案内で、世界の教科書がぎっしり詰まった図書館をしばし探検した。

世界最大の教科書研究の場

「ここは世界最大の国際教科書研究の場です。170を超える国から教科書を集め、いろんな国の文化や人々の考えがのぞけて、秘密の窓のようで大好きです」。シャッテンバーグさんは1階の閲覧スペースの脇でそう話すと、手元に用意した二国間の歴史の共通教科書をいくつか

国際教科書研究所の図書館について説明する司書のシャッテンバーグさん＝ブラウンシュバイク

紹介した。研究所が戦後に進めた歴史学者らによる国際対話の成果だ。

ドイツとポーランド、フランスといった第2次大戦の敵国同士のものの他に、なお紛争が続くイスラエルとパレスチナの間のものもあった。「ここには会議室もあって、双方が中東からやって来てその議論をしました」。2019年には第1次大戦終結100周年のプロジェクトもあり、オーストリアなど欧州各国から研究者が集まったという。

ドイツの教科書の「完璧なコレクション」は主に1階にある。一番古いものは1632年の地理の教科書だ。1871年に統一されたドイツ帝国、1919年からのワイマール共和国、「そして特に1933年からの『第三帝国』の教科書は、ナチス政権による国家建設や教育システムに関する貴重な資料となっています」。

教科書は現代のドイツをも映す。ＥＵの拡大による移民労働者や、シリア内戦による中東からの難民への対応だ。「ナチズムの歴史はもちろん、ドイツ語すら知らない人がイスラム圏からもたくさん入ってきます。反ユダヤ主義が台頭する温床になりかねないという懸念から、やさしい言葉と内容の教科書も最近出てきました」

地下1階へ降りると可動式の書架が並び、各国の歴史や社会の教科書がある。「欧州では現場の先生や戦争体験者が教科書を書くプロジェクトがあります」「アフリカでは旧宗主国フランスの教科書を使う国がありますね」「この米国の教科書は蔵書で一番分厚い１６００ページ」「ボリビアではもっと原住民に焦点を当てようと最近改訂されました」——。

話が尽きないまま、東アジアのコーナーへ。日本の棚に歴史、道徳、公民の教科書がずらっと並ぶ。最も古いものは１９０６年の『文部省著作　高等少學讀本』で、「石油ハタランカラ外國カラ買ヒ入レル」などと書かれていた。「最近のものは写真やイラストが豊富でいいですね」とシャッテンバーグさん。日本の教科書を調べる研究者はアジアの国々からが多いが、先日は米国のスタンフォード大学からも来たという。

中国、台湾、韓国の教科書もあったが、北朝鮮からは入手できていない。そして質問をしていないのに、「日中の対話を決して止めてはいけません。私と17歳になる息子も対話をしていますよ」と言われた。そういえばフクスさんも日中関係を案じていた。ドイツは中国と貿易などで関係を強めているぶん、気になるのだろうか。

ライプニッツの精神継ぐ

1時間ほど見学した後、地下の書庫での立ち話で、シャッテンバーグさんに最近のことを聞いてみた。

まずデジタルアーカイブ化だ。歴史資料を保存する博物館などでは、オンライン利用促進や文書の老朽化対策でデジタル化を進めるのが世界の趨勢《すうせい》だ。だが、世界中で改訂されていく歴史教科書をフォローするこの研究所では毎年約4千冊のストックが増えていく。追いつくのか。「それはこの研究所の歴史そのものですね」とシャッテンバーグさんは笑った。「それに、ヒトラーについて書いてある日本の教科書をデジタル化しても、日本語の読めない研究者にはわからないでしょう。どの教科書に何が書いてあるかが検索できるよう、せめて目次だけでも英語に翻訳できないか検討しています」

その増えていく教科書を収める場所も必要だが、実は2020年末に新館が建つ予定で、「フリースペースや会議室も増え、世界から訪れる研究者がもっと使いやすくなります」。明るい話だが資金は大丈夫ですかと聞くと、彼女は「幸い2011年からライプニッツ協会のメンバーになることができました」と誇らしげだった。

ライプニッツ協会とはベルリンに本部を置き、ドイツ政府や各州から財政支援を受ける国内の非大学系研究機関の連合体のことだ。この国際教科書研究所と同様、冷戦期の西ドイツに遡る由来にドイツの現代史が反映されているので、少し説明しておく。

戦後にドイツの西側を占領した米英仏は、ナチスの再来を警戒して中央集権を弱める形で統治したため、そこから独立した西ドイツは各州が強い分権的な国家になった。だが州単位では研究機関の育成に限界があったため、１９６９年の憲法改正により、国家的に重要な研究には政府と各州が協力して財政支援できるようになった。こうした背景があってこの研究所も70年代に財政基盤が整ったことは、所長のフクスさんも話していた通りだ。

この枠組みはその後、政府と各州からの財政支援を受ける団体を認証し、活動を評価して数年ごとに更新するという形に発展した。再統一後は旧東ドイツの研究機関も加わって拡大し、97年に今のライプニッツ協会となる。17～18世紀の偉大な科学者・哲学者、ドイツのライプニッツがかつて様々な学問の研究機関の連携に努めたことにちなみ、今では社会問題や経済、環境を研究する96団体が19億ユーロ（約２２００億円）を扱う連合体になっている。

ライプニッツ協会が重んじるのは、国内外の研究者が活動できる基盤を作り、また研究成果を社会の改善につなげることだ。教科書を通じた国際対話や世界の教科書の収集に努めてきたこの研究所では、協会の方針に沿ってデジタル分野の活動を強化。「建築中の新館にはデジタルラボもできます」と、シャッテンバーグさんは話した。

中世から交易で栄えたブラウンシュバイクが都市連合・ハンザ同盟の一員となったように、

この地にある国際教科書研究所は、ドイツと世界をつなぐ研究機関の連合体であるライプニッツ協会の一員として活躍するようになったのだった。

コロナ禍に向き合う

だが、順風満帆に見えた活動を揺るがしかねない事態が最近起きた。新型コロナウイルスの世界的な感染拡大だ。

ドイツでの感染拡大は私の帰国後だった。5月になってフクスさんにメールで活動への影響を尋ねてみると、学者らしいクリアな分析と、深刻な受け止めが返ってきた。

「移動の自由が制限され、ネットを通じた様々な協力が進んでいますが、教科書を通じた国際対話への効果は限られるでしょう。ネット会議では多数の参加や通訳が難しい。そもそも異文化の理解には人間同士のふれ合いが欠かせません」

「コロナ対策は国家単位になるので、研究者やNGOの活動への制約も国ごとに異なり、連携を妨げる分断が生まれがちです。世界的な経済危機で各国政府などが様々な国際協力への拠出金を減らし、パイの奪い合いになり、分断をさらに深めないかと危ぶんでいます」

ドイツのナショナリズムの陶冶は、ナチズムの教訓に基づく社会の合意に対する確認を、国内での教育と国外との対話を通じて繰り返すことでなされてきた。その象徴といえるこの研究所の活動すら封じかねない恐ろしさが、コロナ禍にはある。

だが、教師としてナチスに加わった歴史学者がその反省から創設し、戦後ドイツの自省と他国との和解に貢献してきたこの研究所は、コロナがもたらす分断にも立ち向かえるはずだ。研究所の資料から言葉を引き、訪問記を締めくくる。

「この研究所は未来へ向け、築き上げた業績と基盤をもとに、ドイツの教育と国際社会の相互理解に貢献を続けます。平和と民主主義に向けた創設者ゲオルク・エッカートの訴えは時代の激変を越え、今もこの研究所を励まし、導いています」

第六章

ブッヘンバルトとワイマール

ホロコーストと市民

多くの記憶がドイツをまとめる元国立歴史博物館長との対話

ドイツ北部ブラウンシュバイクの国際教科書研究所で取材を終え、路線バスで慌ただしくドイツ鉄道の駅へ。乗り継ぎで3時間かけ、2月18日深夜に中部チューリンゲン州の古都ワイマールに着いた。日本と同じで、大都市間だと特急1本で短時間でつながるのだが、地方都市間の移動は何かと時間がかかる。

この強行軍は、翌日午前に大切なアポイントが入っていたためだ。相手は欧州のナショナリズムに詳しい歴史学者、クリストフ・シュトルツルさん(76)。数日前のベルリン訪問について書いた第三章で、前倒しでご登場いただいている。

再統一されたドイツで、ベルリンにある国立ドイツ歴史博物館の初代館長だった頃、友人の首相コールとともに国立の追悼施設を造ろうと奔走。博物館に属するプロイセン王国当時からの神殿風の建物、ノイエ・ヴァッヘ（新衛兵所）でそれを実現したキーパーソンだった。

出身地の南部バイエルン州ヴェストハイムは冷戦期は西側に属した。学究にとどまらず様々な博物館の運営を担い、さらにコールと同じCDU（キリスト教民主同盟）の政治家として、再統一後にはベルリン州で文化担当相や副首相を務めた。今はワイマールで暮らし、フランツ・リスト音楽大学で学長を務めている。

私が追うナショナリズム、すなわち近代国家において国民がまとまろうとする気持ちや動きとは何かについて、シュトルツルさんに聞きたいことがたくさんあった。歴史的俯瞰や政治のリアリズムなど、様々な角度からドイツを語ってくれそうな予感があった。

19日の午前、ホテルから路線バスで市街へ。小雨のなか石畳を歩き、古い町並みの一角にある音楽大学を訪ねる。暖房の利いた学長室へ入ると、シュトルツルさんが笑顔で迎えた。

応接室の壁には、前身の音楽学校を1872年に立ち上げた作曲家リストの肖像画。シュトルツルさんはその前に座り、丸眼鏡を外したり背広を脱いだりしながら縦横に語った。話題はドイツの近現代史から、排外主義が勢いづく政治の現状にまで及んだ。

駆け足の取材の旅も11日目と終わりに近づき、翌日の夜には日本へ発つ。各地で出会った人々からの指摘を交えて問う私に、シュトルツルさんは興味深い見方を示してくれた。

ナチス問題と戦後秩序のつながり

すでに紹介したノイエ・ヴァッへの話をひとしきり聞いた後で、私は4日前にベルリンで訪れた国立ドイツ歴史博物館の常設展について聞いてみた。

ゲルマン民族大移動からベルリンの壁崩壊までが凝縮されていたが、そのうちわずか20年ほどのナチス時代のスペースが4割ほどと圧倒していた。教訓の継承へのこだわりを感じる一方で、30周年を迎えた再統一以降の話がないのは寂しい気もした。あれはシュトルツルさんが館長の時からの展示なのだろうか。

「私の頃はもっと簡潔でストーリーテリングだったね（笑）。特に20世紀のドイツの歴史はいろいろありすぎてきりがないから。でもナチスの展示にそれだけ割くのは巨大な問題だからだ。戦争を求めたヒトラーの狂気、破壊とホロコースト（大量虐殺）――。信じがたい数々の非人道的な出来事があった。決して繰り返さないためにどう語るか。人々が黙考するような印象的な展示ができないかと、館長の頃はユダヤ人画家の絵を買ったりしたよ」

「しかもナチスの問題は、『人間の尊厳は不可侵』と冒頭に掲げるドイツの基本法（憲法）や、再び戦争を起こさないための国際連

1993年に国立追悼施設ができた経緯を話すシュトルツルさん。当時は国立ドイツ歴史博物館の館長だった＝ワイマール

合といった戦後秩序につながっている。現代の問題に引きつけて考えるためにも、そこまでは展示しておかないといけない。それに比べれば再統一後の30年間なんて平和なもんで、人々の普通の暮らしが続いているだけだよ」

シュトルツルさんは気さくに語ったが、最後の「再統一後は平和」のところが気になった。私は今回の旅で、再統一で旧西側に吸収された旧東側の学者たちから、今なお残る旧西側の政治や社会への違和感を耳にしていた。その背景に、ドイツが分断されていた頃に教育を受けた今の中高年世代において、旧西側と旧東側でナチス時代への向き合い方に差があるのではと感じていた。

例えば前日に訪れた国際教科書研究所の所長エッカート・フクスさんは旧東側のポツダム出身で、冷戦期を振り返ってこんなことを述べていた。

「東ドイツ政府は西ドイツ政府と違って『ドイツがナチス時代に犯した罪』という考えを受け入れなかった。東ドイツ政府こそ、全体主義に抵抗したドイツの歴史の進歩的な要素の継承者であり、真の民主主義だと自身をみなしたからです。再統一後、旧東側の人々が民主主義を学ぶプロセスはまだ続いています」

ベルリンの壁崩壊、驚かなかった

再統一から30年。かつて東西に分かれていたドイツの国民は、ひとつのまとまった存在として順調に発展してきたと言えるのだろうか。シュトルツルさんはこう答えた。

「楽観的だよ。確かに旧東側ではいまだに、組織のトップが旧西側出身になると話題になったりする。旧東側にあるこの大学でも、私が初めて旧西側出身で学長になったんだ。でも、移動の自由が制限された東側の世界はもう遠い昔で、いま若者は東西関係なく世界中に行っている。今のメルケル首相は旧東側出身だがドイツ全体で人気がある」

「私は再統一前から、東西は似ているから近づけると思っていた。冷戦の頃から西側のテレビを東側でも見ていたんだから。技術的な理由で受信が難しい端の地域を除いてね。西側では公共放送に加えて1980年代から民放も増えたので、それを見る東側の人々と言葉遣いや趣味も近づいてきていた。だから私はベルリンの壁崩壊にも驚かなかった」

「社会制度で言えば旧東側はもちろん全て国営だったが、旧西側も資本主義とはいえ、もっと西のテキサス（米国）の方から見ればかなり社会主義的だった。鉄道もアウトバーンも、州ごとではあるが教育も医療もそうで、年金など社会保障も強かった。お互いもともと社会主義的だったんだから、あとは東西の経済格差をどうならしていくかだ」

ただ、「東西は似ている」と言うなら、最近の「ネオナチ」と呼ばれる現象はどうだろう。メルケル首相が中東からの大量の難民受け入れを表明した後、それを批判する排外主義的な新興右翼政党のＡｆＤ（ドイツのための選択肢）が勢力を伸ばした。そうした傾向が旧東側で、このワイマールのあるチューリンゲン州も含めて目立っていた。

シュトルツルさんの答えは、意外なものだった。

「いやいや、『ネオナチ』という表現は言い過ぎだ。今の動きをかつてのナチズムと同じ壺に入れるとまぜこぜになって、ナチズムを無害にしてしまいかねない。ヒトラーは『ドイツ民族の生存圏』のための戦争計画を、政権を取る前から本に書いていた。ナチスは、自分たちは民主主義的な政党ではなく、権力を握るために民主主義を利用して独裁をすると明言していた。その狂気のシステムは、今の新興右翼と比較にならないよ」

「フランスやオーストリアに現れ、ドイツでも出てきたＡｆＤのような新興右翼政党は、排外的なポピュリストに過ぎない。対応が難しい難民の問題で政府を批判し、社会が抱える治安や生活への不安につけ込んでいるが、自身には何のアイデアもない。ブーブー文句を言うだけだ。そうした政党を支持する人はドイツの旧西側にもいて、旧東側だけの現象とは言えない。そして、そんなレベルの現象を『ネオナチ』とひとくくりにしてしまうと、もしその中で真のファシストが動き出しても姿が見えにくくなってしまう」

これは、現代から歴史にどうアプローチするかの違いだろう。

例えば、最近はドイツに「西洋のイスラム化に反対する愛国的欧州人」（ペギーダ）という団体も出てきて、私の滞在中も各地でデモをしていたが、フクスさんはこの団体にも「ネオナチ」という言葉を使い、「ナチズムの教訓という戦後社会の合意を揺るがそうとしている」と語っていた。かつてナチスが大量虐殺という最悪の形で具現化した人種や民族への偏見に基づく排外主義に警鐘を鳴らす意味で、「ネオナチ」と呼んだのだ。

一方でシュトルツルさんは、今のドイツでの様々な排外主義をごちゃ混ぜにして「ネオナチ」と呼んでしまうと、ナチス自体の凄まじい非人道性がぼやけると危ぶむ。

フクスさんも、「ネオナチ」が旧東側で強い理由については慎重だった。「再統一前のナチス時代への向き合い方が西側と違うことに原因があるとは単純に言えない。ベルリンの壁崩壊以降に旧東側に生まれた失望の理由は、他にも社会的、経済的に様々にある」と語っていた。

人権尊重のパラドックス

シュトルツルさんに対し、私は聞き方を変えた。「ネオナチ」という呼び方はともかく、戦後に旧西側で高度経済成長期から多くの移民を受け入れてきたドイツが、いま中東からの難民への対応に悩む現状についてはどうみているのだろう。

「紛争による難民と、労働者としての移民とは、もともと線引きが難しい面があることは確かだ。だが、今はただただ受け入れているだけだ。例えば私の妻が通訳をして助けているロシアから来た人たちは、EU域外からの移民なので働けずに、社会保障を与えられるのを待っている。こうした人たちを働かせるような政策が弱すぎる」

「これはパラドックスだ。ナチス時代にユダヤ人を迫害した反動で、戦後の憲法は難民の人権も重視する。ところが欧州の国々でドイツだけオープン過ぎると難民が集中してしまい、国内の排外主義に力を与えてしまう。外国人でもドイツの国土に身を置くならば、ドイツの憲法の一部だ。憲法で高い価値が置かれる人権をないがしろにはできない。だとすれば、彼らを社会の一員として受け入れ、働けるように権利を与え、ドイツ語と専門知識を学ばせるべきだ」

ドイツで難民受け入れ反対のデモに参加する人たち＝2016年、ベルリン中央駅前。朝日新聞社

問題を難しく考えすぎて迷路に入らないよう、シンプルに捉えて具体策を示す。そんな話しぶりに、シュトルツルさんがベルリンの壁崩壊間もない頃、国立ドイツ歴史博物館の館長として首相コールを支え、再統一されたドイツの国立追悼施設の創設にこぎつけた話を思い出した。戦後ドイツの西側にはそうした国立施設がなかった。ナチズムをいかに総括するかとの関係で、追悼の対象をめぐる議論が「ドイツ近代史の迷路」（コール）を彷徨《さまよ》ってきたからだ。

ゲーテもアウシュビッツもドイツ

最後に、「ドイツをまとめるものは何でしょう」と聞いてみた。直球だが、ドイツのナショナリズムを探ることの旅のテーマだ。シュトルツルさんの出身地は旧西側のニュルンベルクに近い。私はニュルンベルクにあるナチスの遺構にできた史料館を訪れた時、展示に携わるマルチナ・クリストマイヤー博士に同じ質問をしたのを思い出していた。

クリストマイヤーさんは、「ドイツは小さな国が集まってできた歴史がある。まとめているものがドイツ語かというと、オーストリアでもスイスでも話すので違うかな。今は、ナチズムの教訓から人権を重んじた憲法だと思います」と話していた。

シュトルツルさんの答えは、違うようにも、似ているようにも思えた。

「ドイツをまとめるものには、多くの記憶がある。文学ではゲーテ、シラー、宗教ではルター、音楽ではバッハ、モーツァルト、リスト。もちろん20世紀の戦争のひどい記憶もある。そして、ゲーテやバッハがアウシュビッツ（での大量虐殺）を隠すことも、アウシュビッツがゲーテやバッハを隠すこともできない。人間の素晴らしい文化と残虐な行為。両方の記憶を子供たちが学ぶことを私は望んでいる」

「近代国家としてのドイツは、実際はパッチワークからなっている。宗教はもともとカトリックとプロテスタントで、少数だがユダヤ教もある。文化も芸術から料理、好きなテレビ番組まで好みは様々で、移民や難民によってますます多様になっている。だからこそ互いに理解し合うために、ドイツ語を共有しないといけない」

そして、こう言って笑った。

「でもドイツ語と言っても、南部バイエルン州出身の私の言葉を私の秘書はわからないし、私には北部ハンブルクの方の言葉が全くわからない（笑）。小さな国の集まりだったドイツが一つにまとまって150年しか経っていないんだ。今も州ごとの連邦制だからね」

フランツ・リスト音楽大学の学長として次の日程が押す中、示唆に富む話は2時間にわたった。この旅でこれまでに出会った人たちに比べると、シュトルツルさんは保守の立場からドイツに向き合ってきた歴史家であり、政治家なのだろう。「ここでは日本人も学んでいるよ。またぜひ」という古老に感謝を述べ、学長室を辞した。

古い石造りの町並みの路地をバス停へ歩く。雲間から陽が差してきた街角に、モダンなガラス張りの建物があった。現代の建築や美術に大きな影響を与えた機能的なデザインの発祥の地、バウハウス大学のキャンパスだ。これも近代国家ドイツの「素晴らしい文化」といえる。

文化の都ワイマールでは100年ほど前、このバウハウス大学の前身となる学校の誕生とともに、ドイツ初の民主的な憲法が採択されていた。そして輝かしい時を迎えたかと思うと、急速にナチズムに染まっていった。

その暗転を直截に証言する場所が、ワイマールの街からわずか数キロの丘の上にあるという。「ぜひ行くべきだ」とシュトルツルさんにも勧められていた。路線バスに乗り、ブッヘンバルト強制収容所跡へ向かった。

ナチス「総力戦」、労働と命の収奪拠点
ブッヘンバルト強制収容所跡へ

2月19日午後、路線バスでワイマール市街から北西のエッタースベルクの丘へ向かう。地図で見ると直線で7キロほど。十数分揺られ、枯れ木林のなだらかな頂上を過ぎた終点に、ブッヘンバルト強制収容所跡と史料館があった。

強制労働と大量虐殺によって、ナチスの「第三帝国」を支えた強制収容所の拠点の一つだ。敗戦の1945年まで8年間にのべ約28万人が周辺施設も含め収容され、5万6千人が死亡。広い駐車場にクリーム色の壁を向ける4棟の宿泊施設「国際青少年センター」は、元は収容所を管理するナチスのSS（親衛隊）の兵舎だった。

駐車場に大型バスが数台止まり、見学の生徒たちが群れていた。フランクフルト近郊で2日前に歴史の授業を参観したクラスもここに来たという話を思い出す。私がこの旅で訪れる強制収容所は2カ所目。最初のドイツ南部のダッハウでは荒涼とした跡地や凄惨な展示に衝撃を受けただけに、緊張しながら歩き出した。

遺体焼却場と監視塔が並ぶ脇の門を通ると、小石で覆われた緩やかな下り斜面が広がる。かつて収容者たちが詰め込まれたバラックの並びはもうない。曇天の丘の荒涼感は、近くに住宅

ブッヘンバルト強制収容所跡。左から監視塔、遺体焼却場（奥）、門＝ワイマール

街もあったダッハウより強い。下っていくと、常設展の建物が2棟あった。

その展示に、ドイツ各地でナチス時代を後世に伝えようと様々な施設が担う「記録」の重みと、その表現ににじむ個性の強さを改めて感じることになる。この旅で最初に訪れたニュルンベルクのナチスの遺構で展示に携わるクリストマイヤー博士が「それぞれが歴史をモザイクの一片として記録し、協力して全体像を現代に示そうとしている」と語った、あの個性だ。

2棟のうちかつて「消毒場」だった小ぶりの建物には、アートが並んでいた。連行された収容者からはぎ取った衣服や所持品を消毒した房が並ぶ脇に、ぽつりぽつりと、数人が佇むようにブロンズや石の像がある。ガラスの壁には収容者たちを描く幅1メートルほどの版画。点呼のため縦縞の服で並ばされ、倒れている姿もあ

（写真上）ブッヘンバルト強制収容所跡。収容者たちからはぎ取った服などを消毒した房が並ぶ部屋（右側）に芸術作品が展示されている。左の窓には点呼の様子を描いた版画がある
（写真下）絵画や版画など生存者が強制労働や拷問を描いた作品もあった

る。

ナチスが決めた「国民」にふさわしくないというだけで人権を奪われる強制収容所。この消毒室はその入り口に過ぎない。隣の部屋には、身ぐるみはがれた収容者たちが狭い風呂に押し込められたり、裸で鞭打たれたりしている絵があった。生存者たちが描いたものだ。

強制収容所に着くなり風呂で体毛を剃られた人たちの様子を、生存者が振り返る言葉が添えられていた。「お互いの姿を見て冷やかしあった。みんな裸で坊主で、誰が誰かわからない。あちこちに誰かに似ている誰かがいて、でも隣の人が誰かわからない」

常設展「追放と暴力」

もう1棟の大きな建物はかつて、収容者から奪い消毒した衣類や所持品を詰め込んだ倉庫だった。入ると白壁に赤で大きくGEWALT（暴力）とあり、常設展「追放と暴力」が始まる。「広さ40万平方メートル、電気有刺鉄線3500メートル、27万8800人を50カ国以上から収容、死者5万6千人――」と、まず数字が淡々と並ぶ。

ブッヘンバルトの展示を見ていくと、すでに訪れたダッハウと似ている点、違う点に気づく。ナチス政権と表裏一体をなした強制収容所の非人道性とその盛衰が立体的に浮かんでくる。

ともにナチスの強制収容所システムの中枢であり、ユダヤ人迫害と周辺国への侵略が進むにつれ収容者が増加。独ソ戦でのスターリングラード攻防を境に1943年からドイツ軍の撤退が始まると、周辺国で維持できなくなった強制収容所から収容者が国内へ送られ、劣悪な環境で死者が急増。崩壊寸前の１９４５年4月に米軍に解放され、翌月ドイツが降伏――。こうした経緯は共通している。

だが、ナチス政権が現れた33年に造られ各地の強制収容所のモデルとなったダッハウとの違いが、ブッヘンバルトにあった。ドイツのポーランド侵略で第2次大戦が始まる2年前、ダッハウよりかなり北にできたブッヘンバルトは、戦争そのものにより深く関わっていた。

強制労働を駆使する兵器工場となったのだ。展示にこうあった。

「スターリングラードで敗れたナチス政権は『総力戦』を掲げた。だが開戦から4年、兵器生産の継続は数百万人の強制労働なしにありえなかった（中略）。ブッヘンバルトやその周辺にできた補助収容所は兵器廠《しょう》となり、ＳＳは銃製造工場を建て軍需産業と密接に協力した」

「労働力不足を補うため、ＳＳとゲシュタポ（秘密警察）は侵略した国々で、抵抗活動を弱める狙いもあって多くの人々を拘束した。１９４４年秋には、周辺国からブッヘンバルトと補助収容所に送られた人々は9万人に達し、女性も見られるようになった」

「殺人的なテンポ」で進む鉄道建設にかり出された収容者たちの写真もあった。43年にワイマール駅から引かれたその線路を走る蒸気機関車によって、収容者たちはブッヘンバルトへ運ばれ、そこから補助収容所の工場へＳＳによって送り込まれた。

例として、ブッヘンバルトから北へ60キロほどの山あいにあったミッテルバウ・ドラ補助収容所が紹介されていた。新兵器のロケットミサイルなどの工場が、空爆を避けるため地下のトンネルにも造られ、強制労働で収容者6万人の3分の1が死亡した。44年には米軍がブッヘンバルトの兵器工場を実際に空爆し、収容者約400人、SS100人以上が死亡した。

いかに収容者の命が軽んじられていたかを物語るのが、ポーランドにあった絶滅収容所アウシュビッツとの「往復」だ。こんな説明がされていた。

「SSは1944年から、ユダヤ人やジプシーをアウシュビッツからブッヘンバルトへ送り、たいていは最も過酷な労働をさせた。SSの医師たちは収容者を少しだけ診て、『労働に適さない』と仕分けられた数千人はアウシュビッツへ送り返され、亡くなった」

ワイマール市民の関わりを問う

ブッヘンバルト強制収容所の常設展「追放と暴力」を、さらに際立たせていたものがある。強制収容所があった1937年から敗戦までにわたって、近くにある文化の都ワイマールの市民の関わりを問い続ける姿勢だ。

この常設展の冒頭からそうした指摘がある。「ワイマール　ナチズムの文化の中心」という最初のコーナーには、38年に撮られた大きな写真。神殿のような建物に、ナチスのカギ十字の垂れ幕が何本も掛かっている。ワイマールゆかりの文豪ゲーテとシラーの像がある市街の広場に今もある国民劇場だ。

ナチスは政権に就く前の1920年代からワイマールで浸透していた。「強制収容所はワイマールに欠かせない要素となった。市民病院や遺体焼却場はSSが自由に使い、会社や商店にとって強制収容所は顧客の一つだった」と説明にある。

強制収容所をめぐる市民からの明確な異議は、SSが強制収容所の名を当初「エッタースベルク」にしたことぐらいだった。ゲーテがたびたび訪れたその丘の名が使われることに「文化の素養のある中産階級の人々」は抵抗し、SSは名を「ブッヘンバルト」に変えたという。

シラーとブッヘンバルトをつなぐ逸話もある。ワイマールでかつてシラーが住んだ家を管理する著名な歴史学者エデュアード・シャイデマンテルは、木製家具が戦災に遭うことを恐れ、本物をしまっておくため42年に複製を造ったが、その作業が強制収容所で行われることに賛同していたという。その家具の複製が常設展の一角にあった。

ドイツの古都ワイマールを権威付けに支配したナチスを認め、文化は重んじつつ強制収容所の存在も受け入れた上で利用する――。そんな「国家主義的で反民主的な中産階級や公務員が当時のワイマール市民の大半だった」と記されている。

ドイツ古典主義文化が花開いた街として今もゲーテやシラーを誇るワイマールの人たちにすれば、心を抉《えぐ》られるような解説だろう。だが、こうした展示をする強制収容所跡が、今も同じワイマール市内に存在しているのだ。

「同時代性の終わり」は克服できるか
ホロコーストの記憶継承

ドイツという国のあり方を国民が自問する際について回る、ナチス時代の市民の責任。それを史料で突き詰めていくこの展示の構成は、実は２０１６年という最近の常設展のリニューアルで生まれたものだった。

展示を解説する冊子の巻末で、史料館の学術諮問委員長でもあるイエナ大学のノーベルト・フライ教授がその経緯を述べている。

「ブッヘンバルトの恐怖を生き延びた最も若い世代も80代になる。記念館の展示に惜しみない貢献をしてきた人々の期待は、新たな常設展は新たな世紀の子供たちに向けた構成にというものだった。委員会はこの期待を銘記して記念館に助言し、協力した」

「加害者と被害者という認識だけでは、強制収容所を生んだ相互関係を見落としてしまう。当時のドイツ人たちが（ナチスの）犯罪の列車に乗り、（収容者たちが強いられた）死に至る労働の過程に加担することを容易にしたのは、現代の産業社会の原則である『分業』であり、それは今も機能している」

史料館にあるのは、ナチスのカギ十字の旗に覆われるワイマールの街角や、ヒトラーを迎える群衆を映す写真だけでなかった。第2次大戦が始まる2年前の1937年にナチスのSSが造ったこの強制収容所と、ワイマールとの「分業」を示す、数々の史料があった。

・収容者の消毒で市民病院の支援を得られるという、SSの1937年の文書
・ナチス党大会の準備に収容者を動員するという、SSの1938年の文書
・文豪シラーがかつて住んだ家の木製家具の複製。本物が戦災に遭わないよう強制収容所で1942年に作られた
・強制収容所の兵器工場とワイマール駅をつなぐ線路の工事に動員される収容者を1943年に撮影した写真
・強制収容所の工場を借りて収容者を働かせていたワイマールの企業が、「規律を欠く」としてある収容者を来させないようSSに1944年に求めた文書
・空襲で破壊された市街のがれき処理に動員される収容者を1945年に撮影した写真

連合国軍の侵攻を受けドイツが降伏する前月の45年4月、ブッヘンバルト強制収容所を米軍が解放した。「解放後」というタイトルの展示の最後のコーナーも、ワイマールとの関係に強くこだわっていた。市民たちが米軍に呼ばれて強制収容所を訪れ、収容者の遺体を目の当たりにする写真が数枚示されていた。

厳しい非難は不公平

当時のワイマールでの反応として、市長や地元のキリスト教界の代表、文化史跡行政の責任者が連名で出した声明も紹介されている。

「連合国軍の新聞やラジオによって、ワイマール周辺の市民がブッヘンバルトでの残虐行為を知りながら黙っていたという見方が広まっている。この厳しい非難は不公平であり、ナチス・ドイツの現実になじみがないことによると思われる。ワイマールの市民たちは打ちのめされている。この文化の古都にふさわしくない汚点は甘受できない」

ここで言われる「ナチス・ドイツの現実」とは、ワイマールではナチスを受け入れこそすれ、丘の向こうで独裁を支えた強制収容所の暗黒の実態など一般市民にはわからなかったという主張だろう。

確かに強制労働や大量虐殺の現場を目撃した市民は少なかったかもしれない。だが、この「解放後」に至る展示での、距離にして数キロの市街と強制収容所の関わりを示す上記の数々の史料が、この市長らの声明の力をそいでいる。

この声明には「ドイツでの過去への対処」というタイトルがついていた。戦後の冷戦で1990年まで分断されていた旧西側と旧東側でそれぞれ、ナチス時代に人々がどう向き合ってきたかの説明が付されていた。

「西側でも東側でも長年、多くの人々が（ナチスの）第三帝国で自身が果たした役割を振り返りたがらなかった。西側ではナチスの指導者たちやゲシュタポ、ＳＳが指弾され、人々が自身の罪を否定する姿勢への批判は１９６０年代になって起きた。東側では（資本主義を支える）大企業や銀行のせいにされ、それはベルリンの壁崩壊まで続いた」

旧東西ドイツで異なる姿勢

この東西の対比は、私が訪れた二つの強制収容所跡の記念サイトができた経緯に重なっている。

戦後、旧西側に含まれたダッハウでは遺体焼却場を中心に細々と慰霊が続いていたが、１９６５年になってようやく記念サイトが完成。強制収容所跡を管理するバイエルン州に記念サイト創設を働きかけたのは、国内外の生存者たちだった。

ブッヘンバルトは旧東側に含まれ、国立の記念施設がダッハウに先立つ58年、今の記念サイトから少し離れたところにできていた。だがそれは、東ドイツ建国の礎とされた、共産主義者によるナチズムへの抵抗を讃える施設だった。石造りの巨大な塔と回廊を中心とする構成は冷戦期を通じて変わることがなかった。

今回の旅で5日前にベルリンで会った旧東側出身の日本文学研究者ベアーテ・ヴォンデさんが、子供の頃に訪れたと話していたのは、この巨大な塔の方だ。ベルリンの東にあるポーランドとの国境の街で生まれたヴォンデさんの回想を改めて記す。

「14歳になると青年団の組織に入り、ブッヘンバルト強制収容所跡を見学に行って記録映画を見せられました。たくさんの死体が出てきてショックで、繰り返さないように人生を尽くそうという決意がＤＮＡに刻まれました」

ドイツの再統一後、95年に今の記念サイトができた。展示内容を旧東ドイツ時代から一新し、収容者への迫害の実態を、遺品や遺影、加害者や被害者の証言など数百点で示すことになった。その約20年後に展示はさらに進化し、今回紹介したワイマール市民の関わりを問う内容が加わったのだった。

イエナ大学のフライ教授は、冒頭に紹介した展示解説を「同時代性を超えて」と題し、こう述べている。

「実際のところ、ナチス時代に多くのドイツ人は、政敵やユダヤ人へのむき出しの暴力に当惑し、敗戦が迫るにつれ疑問を強めた。だが、自分たちの暮らしはナチスの下で保たれると感じていた。共同体が日常の中でよそ者への非人道的な扱いを見過ごし、喝采さえする悪名高き傾向には、こうしたナチスのアピールが関わっていたのだ」

そして、ナチス時代の体験者の世代が世を去り、一方で体験者が親や祖父母にいない移民や難民も増えている現状をふまえ、「ナチス時代の同時代性は終わろうとしている」と指摘。「ブッヘンバルトだけでなく、ナチス時代を伝えようとする他の史跡や記念館にとって、パラダイ

ブッヘンバルト強制収容所跡で東ドイツ時代にできた「ベル・タワー」＝ワイマール

ムの転換が必要だ」と訴えていた。

常設展の建物を出て、かつて収容者たちが詰め込まれたバラックが並んでいた斜面を登り、駐車場のバス停へ戻る。路線バスに乗ってエッタースベルクの丘を少し行くと、右手に巨大な塔が見えた。冷戦期に東ドイツの記念施設として建てられた「ベル・タワー」だ。ナチズムからの解放をもたらした共産主義の「自由と光」を表していた。

ブッヘンバルト強制収容所跡の史料館には、ドイツという国において、体験者がまだ生存していることをもってナチズムに「同時代性」とその限界を見いだし、先を見据えて教訓の継承を探る営みがあった。国民がまとまろうとする気持ちや動きに、国民自身が絶えず理念をもたらそうと努めていた。単純化を恐れずに言えば「下からのナショナリズム」

なのかもしれない。

その史料館から少し離れた「ベル・タワー」の姿は対照的だった。かつて共産主義の正統性の象徴とされたこの塔は、東ドイツが消滅して30年の今、名残を伝えるだけの遺跡として立ち尽くしている。黄昏迫る曇天の下、ワイマール市街を望む丘に座す巨軀に、「上からのナショナリズム」のはかなさを感じた。

民主主義はいかに崩れたか　ワイマール憲法採択の地の証言

ナチスがドイツ中部に造ったブッヘンバルト強制収容所跡から、また路線バスに十数分揺られ、ワイマール市街に戻る。2月19日夕方に訪れた石畳の「劇場広場」には、この古都ゆかりの文豪ゲーテとシラーの像と、新古典主義風の劇場が立っていた。

像の前で見学の生徒たちが教師の話に聴き入り、劇場正面の石段では小学生ぐらいの女の子たちがペットボトルを蹴っ飛ばして遊んでいる。歴史豊かな地方都市といった風情。ドイツのナショナリズムを探る私の旅に欠かせない訪問先だった。

文豪たちの像の台座には「祖国」と刻まれ、劇場の名も「ドイツ国民劇場」。ドイツ全体を背負うような気概がにじむ。第1次大戦で敗れたドイツでは1919年にこの劇場で国民議会

ワイマール市街の国民劇場。石畳の広場には、この地ゆかりの文豪ゲーテとシラーの像が立つ

が開かれ、初の民主的な憲法であるワイマール憲法が採択されたのだった。

その憲法と民主主義をナチスが換骨奪胎《かんこつだったい》し、独裁を実現した。この古都では国民劇場がカギ十字の垂れ幕に覆われ、数キロ先にあるブッヘンバルト強制収容所との共存が始まり、敗戦後にその歴史も背負う。つい先ほど強制収容所跡で見たばかりのいきさつだ。

劇場正面の白い石壁に近づくと、左右に一つずつ、文章を刻んだ金属板がはめ込まれている。向かって左には「この建物でドイツ国民はワイマール憲法を採択した。1919年」、右には「ファシズムによって破壊され、多くの犠牲者を出しながら建て直され、ドイツ国民に引き渡された。真の人間存在の道へ。1948年」とあった。

この二つの年の間に、一体何が起きたのか。

広場の方へ向き直ると、文豪たちの像の向こうに真新しい小ぶりな建物があった。「ワイマール共和国の家」とある。扉を押して入り、受付の女性に聞くと、憲法採択100周年の2019年に政府の支援も受けてできた史料館で、市民団体が運営しているという。

館内での短い映画と展示は、「ワイマール共和国　ドイツ初の民主主義」から「民主主義の終わり」へと転落する20世紀前半の歴史を語り、「たとえ素晴らしい憲法があっても、あらゆる民主主義社会は脆弱だ」という教訓を今にどう生かすかを考察していた。

その問いかけを展示に沿って、日独の2人の歴史学者の知見を交えつつ紹介したい。

史料館「ワイマール共和国の家」

広い一部屋を使った展示のパネルが並ぶ中で、奥のガラスケースに古い義手が置かれていた。第1次大戦での負傷兵が社会に復帰するため、地元チューリンゲン州の企業が作ったものだ。「270万人のドイツ兵が心や体に傷を負って戦線から戻った。政府は彼らをできるだけ労働市場に再統合しようとした」

域内を統一したドイツ初の近代国家であるドイツ帝国は第1次大戦で敗れ、帝政が終わった。甚大な被害と敗北感の中で、その名を憲法制定の地にちなむ新国家ワイマール共和国に期待されたものは、「華やかさとすばらしさだった。軍国主義と崇拝は過去の帝政のものとし、市民による共和制が培われねばならなかった」。

1919年7月に国民議会で採択されたワイマール憲法は、ドイツで初めて女性にも参政権を認め、比例代表制の国会と直接選挙の大統領制を導入。表現や報道の自由、思想や良心の自由などの基本的人権を掲げ、国会は国家の中心として立法と行政監視を担った。

このワイマール体制の下で、ヒトラー率いるナチスがいかに台頭し、民主主義を壊していったのか。まず、どんな人々がナチスを支持したのかだ。

ブッヘンバルト強制収容所跡の展示は、政権に就く前からナチスを受け入れた当時のワイマール市民を、「国家主義的で反民主的な中産階級や公務員が大半だった」と辛辣《しんらつ》に評した。それに重なる日本のドイツ政治研究者の指摘がある。野田宣雄・京都大学名誉教授が著書で指摘している。

「ナチスは、階層的には、手工業者、小商人、中小の農民など、ひとくちに中間層とよばれるひとびとのあいだに、もっともよく滲透《しんとう》することができた。(中略)彼らを団結させる共通のイデオロギー、つまり、労働者の場合におけるマルクス主義のようなものもなかった。しかも、第一次大戦後のインフレーションや二〇年代末以降の恐慌によって、もっともはげしい没落感を味わっていたのも、この層だった」(『ヒトラーの時代(上)』講談社学術文庫 1976年)

1929年からの世界恐慌の中、野党だったナチスが急伸する。ヒトラーが演説で批判した矛先は、ワイマール体制と、第1次大戦の戦勝国がドイツに重い償いを課したベルサイユ体制に向かった。32年にヒトラーは大統領選で保守派の現職ヒンデンブルクに敗れながら得票率

37％、ナチスは国会の選挙で3割台の票を得て第一党となった。失業者は600万を数え失業保険制度が破綻する中、共産党も議席を伸ばしていた。33年1月、保守派は政権維持のためナチスと連立を組み、ヒトラーはついに首相となる。

展示では、連立内閣発足時のヒトラーを中心とする写真の上下に、「1933」「民主主義の終わり」と記されていた。

この日の午前に訪ねた歴史学者のシュトルツさんも、ナチス政権の発足について「帝政が終わっても、封建主義的、つまり反民主主義的な保守勢力が残っていて、ナチスと結びついた」と語っていた。

国会はついに排除された

「1933」「民主主義の終わり」の展示は続く。有名な国会議事堂炎上の写真の上に、「ワイマール憲法　事実上無効に」の見出し。1933年2月のベルリンの国会議事堂炎上を、ナチスは共産主義革命勢力の放火事件と決めつけ、ヒンデンブルク大統領に緊急条令を出させた。「ドイツ民族を守るため」という名の条令は、集会と報道の自由を制限し、「政治犯」の拘束を可能にした。説明には「中産階級の大臣たちはこの過激な手法を支持した。狙われているのはさしあたりマルクス主義者だと考えたからだが、新たな政府の思うつぼだった」とある。この「大統領の緊急条令」も、ワイマール憲法の盲点をナチスに突かれたものだった。

国民劇場の向かいに立つ「ワイマール共和国の家」の展示＝ワイマール

ヒトラーが首相となる前の１９３０〜32年から、世界恐慌への対応で連立政権が混乱する中、この条令は多発されていた。「通常の議会立法によるかわりに、ワイマル憲法第四十八条に規定された大統領の非常権限（つまり、大統領名で発布される緊急条令）にたよって統治をすすめた」（前記の野田氏著書）。シュトルツルさんも「ワイマール憲法では国民に直接選ばれる大統領の権限が極めて強かったが、恐慌と失業という悪条件の下でそれが弱さになった」と指摘していた。

展示に「国会はついに排除された」という見出しが現れる。１９３３年3月、形式的には民主主義の下でナチスは独裁を実現した。全権委任法の成立だ。「民族と帝国の窮状を除去するため」という名の法律は、国会の同意なしに政府、つまりヒトラーに立法を認めるもので、投票で反対は社会民主党のみ。弾圧されていた共産党の姿はなかった。

野田氏は著書で、ナチス以外で賛成した各党の「葛藤」を代弁する。「もしも議会がこの法律を拒否すれば、ヒトラーをますます恣意的な暴力支配に走らすことになるだろう。たとえヒトラーに強大な権限をあたえる悪法であっても、法律は、ないよりはましだ」

ヒトラーを首相とする連立政権発足からわずか2カ月、憲法を骨抜きにしてナチスは独裁を達成した。この1933年にダッハウなどに強制収容所ができ、まず「政治犯」が送り込まれる。35年にはニュルンベルクでのナチス党大会の最中に、ユダヤ人差別を合法化する「ニュルンベルク法」ができる。今回の旅ですでに訪ねたその2カ所で見た通りだ。

「SSのような準軍事組織が憲法の外に生まれ、『一つの民族、一つの帝国、一人の指導者』を掲げて、暴力による壊滅的な独裁が始まった」（シュトルツルさん）。国民がまとまろうとする気持ちや動きとしてのナショナリズムは、近代国家ドイツが手にした民主主義を踏み台に暴走した。

ナチス政権は対外的には、第1次大戦後に戦争を繰り返さぬようにと発足した国際連盟を「ドイツを恩着せがましく抑圧する」と批判し、1933年10月に脱退。そして、徴兵制復活と軍備拡大を35年に宣言、非武装地帯とされたドイツ西部ラインラントへ36年に進駐、とベルサイユ条約を立て続けに破る。そこで時系列の展示は終わっていた。

極東では日本が1931年に満州事変を起こし、33年に国際連盟を脱退。36年に日独防共協定締結、37年から日中戦争に突入し、ドイツとともに第2次大戦へとなだれ込んでいく。

ワイマールの人々の問いかけ

ナチス・ドイツが第2次大戦へ向かう1930年代で「時系列の展示は終わっていた」と書いた。だがこの史料館「ワイマール共和国の家」では、そこから教訓をどうくみ取り、現代の民主主義にどう生かすかという提起もされていた。

「民主主義のビジョン」という最後のコーナーに、六つのテーマで問いかけがあった。いずれもワイマール憲法下の政治状況をとらえ、また2019年の憲法採択100周年を記念してできた史料館らしく、現代に引きつけていた。

テーマ別に用意された小ぶりな紙の札に来館者がそれぞれの考えを書いたものが、壁にたくさんぶら下がっていた。示唆に富むその問いかけから二つを紹介する。

複雑な時代に単純な答え?

欧州にポピュリズムという妖怪が現れています。克服したと長らく思われていたものが蘇り、民主主義の土台を脅かしているようです。経済危機、大量失業、移民、そして将来全般への懸念が、単純な回答と解決への願望という火に油を注いでいます。

かつてのワイマール共和国や周辺国でもこの現象がはびこっていました。左翼や右翼の急進的なイデオロギーが救済の約束をして人気を得ました。欧州の若い民主主義は一国ずつ独裁に陥っていきました。現代のポピュリストたちの狙いは何でしょう？　彼らが批判する「やつら」とは、地方自治体、中央政府、ＥＵのどれなのでしょう？

ポピュリズムは近年、ドイツや世界各地で躍進しているようです。現代のポピュリストたちはイデオロギーよりも「常識」に戻れと求めます。その「常識」こそ、私たちがポピュリズムに対抗するために使わねばならないものです。

民主主義には妥協が必要？

ドイツの政治では、妥協は評判がよくありません。ワイマール共和国の頃は、「こちらは、かたやあちらは」ときりのない連立政権が批判されました。いろんな立場やイデオロギーの寄せ集めで、妥協にあまり前向きではありませんでした。多くの団体が議会を「議論ばかりで行動しない」と見なして街頭でデモをし、自分たちの意見を押しつけようとしばしば暴力に走りました。

危機の時代には、左翼も右翼もプロパガンダに聴き入るよう仕向けられました。不安が増す今日の多くの人々もまた「もっとはっきり」とした政治を好みますが、私たちの議会制民主主義とは利害を調整するものです。それを弱さと考える人もいますが、政治とは議会であれ地域の集会であれ、妥協に基づくものです。

他人の声に耳を傾け自分の意見にこだわらないことは難しいものですが、妥協への意志は、私たちの民主主義と、人間社会での共存にとっての要石なのです。

民主主義を終わらせぬために

史料館は「欧州に蘇ったポピュリズムの妖怪」について詳しくは語らない。だが、中東からの大量の難民受け入れをめぐり、ここ数年でドイツを含め欧州各国で勢力を伸ばした排外主義的な政治勢力を指すことは明らかだ。

ワイマールでこの日の午前に訪ねた歴史学者のシュトルツルさんは、ドイツでの新興右翼政党について「心配ない」と言い、ワイマール共和国の教訓が戦後ドイツ政治に制度として組み込まれていることを強調していた。

「ナチズムの経験が戦後憲法の土台となり、多くの安全装置が組み込まれた。大統領にも首相にも大きな権限はなくなり、軍事行動に対する連邦議会の関与を強め、非民主的な政党は違憲とされた。さらに政党は（法律により）5％以上の得票がなければ議席を得られない」

「ワイマール憲法下では政党が乱立したが、戦後の私の人生のほとんどは三つの党を中心に政権交代が起きている。憲法の技術的な弱さは改善され、新興右翼の独裁が生まれるなんてありえないよ」

ただシュトルツルさんは、「1920年代のようにまた経済危機が起きたらどうなるかは、誰もわからないけどね」と付け加えた。

その話は、今ならコロナ禍をめぐって深められただろうが、当時ドイツではまだ平穏だった。それでも史料館の展示は、その問題を「ワイマールの条件？」という見出しで触れていた。

「『ワイマールの条件』という言葉は今も、銀行危機や失業率の上昇、右翼の過激化、ポピュリスト政治という文脈で使われます。ワイマール共和国の頃と状況が似ている、とメディアではますます話題になっています」

国民劇場の向かいにある史料館「ワイマール共和国の家」＝ワイマール

この「ワイマール共和国の家」は、人類がかつてナチズムで体験した「民主主義の終わり」を物語っていた。その再来をどう食い止めればいいのだろう。
　直前に訪れたワイマール郊外のブッヘンバルト強制収容所跡では、ワイマール市民がナチスを独裁政権発足前の20年代から受け入れ、企業や病院や文化人までが強制収容所に関わっていたことを赤裸々に展示していた。
「ワイマール共和国の家」では、その問題については展示も反論も見られなかった。ただ、ワイマール憲法採択の地である国民劇場の向かいに１００年後の２０

19年にこの史料館を設け、現代の民主主義を問う姿勢に、この地の人たちなりの責任の果たし方が表れているように思えた。

史料館を出るとすっかり陽が落ちていた。ゲーテとシラーの像が立つ劇場広場を後にしてホテルへ歩く。スマホで史料館のホームページを眺めていて、運営にあたる2013年発足の市民団体のこんな決意表明を見つけた。

「ワイマール時代のドイツ初の民主主義は失敗しましたが、当時を想起する努力は貴重です。問題点のいくつかは驚くほど現代の世界に関わり、私たちは価値ある教訓を過去から学べます。民主主義は決して当たり前のものではなく、守るために日々戦わねばならない。そのメッセージを広めることが、私たちの使命です」

第七章

再びフランクフルト

指導者の決意表明

ナチズムの教訓は原点であり続けるか
旅の終わりに

ドイツのナショナリズムを探る旅は、訪れた先々でナチス時代への向き合い方を垣間見つつ、12日目の最終日を迎えた。2月20日朝に中部のワイマールをドイツ鉄道で発ち、西部のフランクフルトへ。最後の取材をして、夜にフランクフルト国際空港から羽田へ発つ。

思えば旅の始まりもフランクフルトだった。外国人旅行者用の特急乗り放題パスを駆使した強行軍も終わりか……とぼんやり車窓を眺めていたが、2時間ほどで近郊のハーナウ中央駅にさしかかり、気が引き締まった。

このハーナウで前夜、移民のルーツを持つ9人が射殺されていた。そのテレビニュースを早朝にワイマールのホテルで見ていたのだった。

犯人は捕まったのだろうかと思いつつ、混み合うフランクフルト中央駅で降り、ローカル線で数駅の住宅街へ。トランクをごろごろと押し、フランクフルト日本人国際学校に着いた。事務局長を務める岡裕人さん(57)に、最後に話を聞くためだ。

岡さんのドイツ在住は、ベルリンの壁崩壊当時の留学中から30年を超える。ドイツ史で博士号を持ち、日本人学校で教師として歴史を教え、2人の子はドイツの公立校に通った。教育関係者との交流を生かしたドイツの歴史教育に関する著書は今回の取材で大変参考になり、要所へのアポイントでも助けていただいた。

ぜひ報告がてらと校舎に入ると、日本人の子供たちの賑やかな声が響いていた。事務局長室に岡さんを訪ね、ハーナウの事件に触れると「恐いですね。EUの加盟国間は移動が自由で銃規制も難しいですし……」。

ぶつけてみたい疑問がたくさんあった。挨拶もそこそこに話を始めた。

歴史教育現場のいま

まず、私がフランクフルト近郊のヘッセン州立校で参観した歴史の授業について聞いてみた。ナチス政権に多くのドイツ人が無抵抗だった中で、処刑すら受けた抵抗の実例をもとに、「自分たちならどうしたか」と考えさせる内容だった。

「今回はその部分を参観されたわけですが、ナチス時代に関するドイツの歴史教育ではまず、あの戦争犯罪はヒトラーや取り巻きだけでなく国民全体を巻き込んで行われたということを教えます。今でも記録映画が残っていて、ヒトラーの演説や、喝采を送る国民の映像も見せ、少年少女の頃から洗脳して巻き込んでいったことを説明します」

「民主主義が衆愚政治になりうる怖さを伝えた上で、そうした中でもきちんとナチスを批判する人たちがいたことを教える。今も民主主義ではポピュリズムが問題になっていますが、もし

ドイツの教育に詳しい岡裕人さん。フランクフルト日本人国際学校で事務局長を務める＝フランクフルト

大勢がそうなっても自分たちにはできることがあることを生徒たちに気づかせる、という授業のもっていき方ですね」

ドイツの近況もふまえて岡さんは続けた。

「教師が材料を与えて考えさせ、生徒が疑問や意見を持ち、批判すべきはするという形は、戦後の西ドイツで世代が交代し、１９７０年代にナチス時代を直視できるようになって以降の教育です。当初は若者も責任を負うべきだという重苦しい教え方でしたが、さらに世代交代が進むと、若者はそういう教育ではついてこなくなります」

「冷戦が終わって、ソ連をはじめ共産圏でも人権を抑圧してきたという話が出てきました。ドイツでは２００６年のサッカーW杯をホストして若者が国を誇らしく思う空気も強まりました。ナチス時代の相対化というか、直視しつつも暗い面ばかりを見ない。ナチスへの抵抗をしっかり教えることの授業には、そうした面もあるのでしょう」

だが、ナチス時代のドイツだけが悪いわけではなかったという議論は、行き過ぎるとドイツでは過去を直視する妨げになり、排外主義的な新興右翼の伸長を後押ししないだろうか。

「そこは難しいところです。ただ、今や過去を直視すると言っても、戦後ドイツに来た多くの移民の家族にすれば、世代交代の問題以前にナチス時代とそもそもつながりがない。あの頃はひどかった、繰り返してはいけないと言っても、知らないよという話になってしまう。だから、世代や出自を超えて教訓とすべき人類の問題として、戦後の基本法（憲法）に掲げられた『人間の尊厳』を大事にしないといけないんです」

「人間の尊厳」でまとまれるか

その「人間の尊厳」という理念で、今後もドイツはまとまっていけるだろうか。

「そこは挑戦です。教室で抽象的な話をしても生徒たちは理解しにくいでしょうし、現実に目を向ければ中東などからの大量の難民への対応に悩む地域社会があり、政府の対応は甘いと批判するＡｆＤ（ドイツのための選択肢）のような政党が勢力を伸ばしているからです」

「ＡｆＤの幹部は２０１７年に、ベルリンにあるユダヤ人に対するホロコースト（大量虐殺）の記念碑を『恥』と言って歴史教育の見直しを訴えました。20年のチューリンゲン州議会での首相（知事）選挙ではそのＡｆＤの支持候補に国政与党のＣＤＵ（キリスト教民主同盟）の地方議員も乗って当選してしまった。実際、危うい状況になりつつあると思います」

私はベルリンでその記念碑を１週間前に訪れたことを思い出した。ドイツの近現代史を見つめてきたブランデンブルク門近くの一角を、約２７００柱の石碑が埋めていた。大量虐殺を忘れまいとするドイツの意志を首都の真ん中で感じたが、それを「恥」と呼んで憚《はばか》らない人たちも現れているのだ。

難民の増加は英国がＥＵを２０２０年に離脱する要因にもなった。ＥＵの中心にあってそうした国際社会の荒波にもまれ、国内社会の変化によってナチス時代の記憶が薄れゆくドイツで、「人間の尊厳」という理念は地に足のついた形で受け継がれていくだろうか。

「生徒たちは歴史教育でナチス時代を学ぶことで、民主主義社会において自分の意見を持ち、批判すべきは批判するという姿勢を培ってきたわけで、その結果として難民の人権を尊重する方へ向かってくれればと思います。でも、もしポピュリストが訴える排外主義の流れになってしまったら――」

「それでも、ドイツの多くの人々がまだ持っている良心や気概に期待します。西ドイツ時代から歴代の大統領や首相がナチス時代の罪を認め、メルケル首相に至るまで繰り返し訴えてきた。ＡｆＤのデモに反対するデモをフランクフルト市街でよく見かけますし、チューリンゲン州首相に当選したＡｆＤ支持候補も反対デモに直面してすぐ辞任しました」

そして、岡さんは力を込めた。

「ドイツにおいて、ナチズムの教訓を戦後民主主義の原点とし、それを揺るがす動きに抵抗するという良心は受け継がれ、教育の中心であり続けると信じています。そうすることで欧州を牽引していくのがドイツという国のあり方だと思います」

岡さんに感謝し、久しぶりに日本語で議論を深められた余韻に浸りながら、日本人学校の門を出た。住宅街から再びローカル線に乗り、フランクフルト国際空港へ向かった。

ナショナリズムを陶冶する

ハーナウの連続射殺事件はその後、容疑者が自宅で母親も射殺し、自殺していた。私が帰国する2月20日、2005年以来の長期政権を担うメルケル首相は緊急声明を出した。捜査報告をふまえ、容疑者は極右で人種差別的な考えを持っていたと指摘し、こう述べた。

「人種差別は毒です。憎しみは毒です。この毒は私たちの社会の中にあり、すでに数多くの凶悪な犯罪を生んでいます」

そして、今世紀に入って起きた極右による殺人事件を挙げ連ね、「私たちは断固として、ドイツの分断を企むすべての者に対峙します」と語った。

私はこの声明に接し、まず、ヘイトクライムと呼ばれるこうした事件に対する、一国の指導者としての反応の素早さと強さに驚いた。そして、旅の終わりに声明をかみしめた。

「人種差別」や「憎しみ」による排外主義をメルケル首相は指弾する。その背景には、欧州各国が中東からの難民への対応に苦しむ近年の状況と、そこに戦後ドイツの基本法（憲法）が掲げる精神で臨もうとする彼女の信念がある。

2015年に大量の難民受け入れを決めたメルケル首相は、その後に国内で批判が起きても「これは私たちの歴史的な任務であり、グローバル化時代における歴史的な試練だ」「人間の尊厳は不可侵であるという基本法の理念に従うべきだ」と語ってきた。

ドイツの指導者に難民受け入れを「歴史的な任務」と言わしめる、戦後憲法が掲げる理念。それは戦前のナチズムの教訓と表裏一体をなす。

「一つの民族、一つの帝国、一人の指導者」を追求するナチス独裁政権は、「人種差別」を率先して「憎しみ」をあおり、他国を侵略して人権を蹂躙《じゅうりん》した。ナショナリズムの最悪の形だ。

そして、メルケル首相は今もそうした「毒」が「私たちの社会の中にある」と認めた上で、「私たちはドイツの分断を企むすべての者に対峙します」と語るのだ。

私たちの毒は私たちが制する。民主主義が生んだ過ちを重ねない。その決意でまとまる国がドイツだ——。国民自身が担うナショナリズムを陶冶《とうや》する責任を、国民とともにことあるごとに確かめようとする指導者の姿が、そこにあった。

再統一から30年、連帯へ「光と影」語った大統領

私の帰国後の話になるが、そうしたドイツの指導者像をありありと示す演説に再び接した。

ドイツ再統一から30年を迎えた2020年10月3日、ベルリン近郊ポツダムでの記念式典で、シュタインマイヤー大統領が行ったものだ。

大統領は「光と影」にあえて言及した。ドイツ初の近代国家・ドイツ帝国と今の再統一ドイツを比較する約150年の時間軸。再統一ドイツになお残る東西格差や、それを取り巻くEUの動揺という現在。様々な角度から光を当てて影も浮かばせ、「ドイツとは何か」を示した。

そして、自由と民主主義が曲折を経ながらいかに前進してきたかを見つめ直し、未来への指針にしようと呼びかけた。ドイツ近現代史の節目にふさわしい訴えだった。

本著ではドイツのナショナリズムを考えるにあたり、ナチズムと戦後の反省に焦点を当てたが、この演説にはそれを補って余りある広さと深さがある。詳しく紹介したい。

30分にわたる演説はコロナ禍への言及から始まった。私がドイツを訪れた2月は感染拡大前だったが、この10月初めには死者が9500人を超え、日本の1500人超を大きく上回っていた。式典を伝える動画は、参加者らが間隔を空けて座る様子を映していた。

「私たちは30周年を別の形で祝いたかった。ポツダムの数々のホールは満員で、ドイツ各地や欧州の近隣諸国から何千人もが集まる――。コロナウイルスで大きな祝い事はキャンセルされました。それでも統一の日は重要です。

私たちは平和革命を忘れません。(1989年のベルリンの)壁の崩壊、国境での命を奪いかねない銃撃の終わり、国家(旧東ドイツ)による広範なスパイと指令の終わり。冷戦の終わりと新しい時代の幕開けを、感謝とともに振り返ります。

ヨーロッパの中心で(旧東ドイツと旧西ドイツが)再び一つになり、自由で民主的な国に向けてともに旅してきた道を振り返ることができます。何という幸運、功績でしょう。この日の誇らしさを(コロナの)大流行が奪うことはできません」

拍手が沸いた後、大統領はドイツの歴史をさらに遡る。2020年は再統一から30年にあるとともに、近代国家として初めて統一されたドイツ帝国の誕生から約150年になる。同じ統一の節目ではあっても、両者は「全く異なる」と語った。

「鉄血政策」の150年前との違い

「1871年の国家統一は近隣との戦争の後、鉄と血による粗暴な力によってもたらされました。それはプロイセンの支配、軍国主義とナショナリズムの上に築かれました。数週間前、私はドレスデンにあるドイツ連邦軍の軍事史博物館を訪れました。無数の古い児童書が長いひもで天井からぶら下がっていました。その中に、テーブルの端をやっと見渡せるほどの背丈の男の子たちが、誇らしげに制服を着て、戦争に行く準備を熱心にする姿がありました。この子たちが歩けるようになった頃、戦闘的ナショナリズムの栄光と英雄の死は時代の運命的精神でした。ドイツ帝国の創設からまもなく、第1次大戦の大惨事を迎えます」

「鉄と血」とは、このドイツ帝国の宰相ビスマルクが進めた「鉄血政策」のことだ。ビスマルクは、いまのドイツ北部からポーランド西部にかけて広がっていたプロイセン王国の首相だった。軍備拡張を進めてオーストリアやフランスとの戦争で勝ち、小国に分かれていたドイツをプロイセンを中心に統一へ導いた。明治維新の元勲を束ねたような存在感のビスマルクだが、その「戦闘的ナショナリズム」をシュタインマイヤー大統領は拒んだ。

2020年10月、ドイツ統一30年式典で演説するシュタインマイヤー大統領＝ドイツ連邦大統領サイトより

「30年前に起こった大きな変化は（ドイツ帝国と）何と異なることか。人々は壁の上で祝い、うれし泣きをし、抱き合います。（東ドイツの）兵士や警官が銃を置きます。恐怖の支配は終わりました。国民は服従を拒み、国家は強権を失いました。

1990年、東ドイツの総選挙で西ドイツとの早期統一を求める勢力が勝ち、東ベルリンで西ドイツの国旗を振って喜ぶ人々＝朝日新聞社

他の変化もありました。再統一は威嚇や戦争ではなく国際交渉から生まれ、合意に基づき、欧州と世界の平和的な秩序によって支えられました。長い冷戦下のあらゆる挫折にかかわらず、何世代にもわたる政治家たちが第2次大戦後にこの秩序を築いたのです。

ポーランドやソ連との平和条約、（第2次大戦後にドイツ・ポーランド国境となる）オーデル・ナイセ線の国際的な承認、（1975年の全欧安全保障協力会議に始まる東西緊張緩和の）ヘルシンキ・プロセス、NATO（北大西洋条約機構）とEU。これらなしには再統一はなかっただろうことを常に想起せねばなりません」

軍事力で推し進めた1871年の国家統一と異なり、1990年の再統一が国際協力によって実現したと強調する。そして、いま混迷を深めているその国際協力をドイツが支えることこそ、歴史の教訓であり義務だと大統領は語る。ドイツという国が目指すべき姿として、この演説で繰り返される主題のひとつだ。

「統一の日は、(欧米を中心とする)西側社会でもいま厳しい状況にある国際秩序がいかに貴重かを想起させます。私たちドイツ人は、国際協力がより困難になっても支えます。強力で公正な国際秩序のために戦いたい。それは欧州のパートナーたちとともに担う課題です。私たちの歴史から引き出される教訓、義務です」

大統領は、ナショナリズムの核心である「国民とは何か」にも踏み込んでいく。

「1871年の世界が1990年の世界とどれほど根本的に異なっていたか。ドイツ帝国は鉄の手で統治されました。カトリック教徒、社会主義者、ユダヤ人は『帝国の敵』とみなされ、迫害され、疎外され、閉じ込められました。女性の政治参加は許されていませんでした。

再統一された国に住む私たちは、みな同じであるように強いられません。『私たちは国民です』とは、『私たち誰もが国民です』という意味です。(ドイツ南部の)バイエルン人、(北部の)海岸に住む人々、東部の人々は、それぞれのアイデンティティーを誇りにしています。キリスト教徒、イスラム教徒、ユダヤ人、無神論者はすべて私たちの国の一部です。東ドイツ人、西ドイツ人という区別はまだありますが、もう重要ではありません」

「私たちは国民だ」のくだりは、ドイツ語でWir sind das Volk。もとは1989年、東ドイツ政府が首都ベルリンで建国40年を祝う中でデモが広がり、壁崩壊に至った際のスローガンで、自由を縛る政府に対し「私たちが国民＝主権者だ」と訴えたものだ。その言葉がいま、再統一から30年で多様性を増した国民を包摂する意味で使われている。

ドイツが国際社会に貢献するためには、国民が一色に染まるのではなく、多様性を認め合わねばならない。再統一後のドイツとの対比で取り上げたドイツ帝国での様々な差別に大統領は触れたが、すぐ後で触れるナチス政権「第三帝国」でのホロコーストも念頭にあっただろう。そこから、現代に影を落とす復古的な排外主義を批判する。

未来への疑問の答えを過去に探す人々

「東側と西側がともに成長し、また移民と統合のおかげで、私たちの国は過去30年間でますます多様になりました。多くの異なる人々がともに平和に暮らすことは簡単ではありません。しかし（多様性を支える）自由の表現とは、そのために多くの先人が戦い、それなしに私たちが生きられない、この国の特徴なのです。私たちの団結とは、自由と多様性のための団結です。独りよがりではなく、欧州の中にあるドイツのために、私たちが歩み続けたい道です。

しかし、未来への疑問の答えを過去の中に探す人々はいつもいます。民主的な連邦議会の前で1871年のドイツ帝国の黒、白、赤の旗を振る人は、何と歴史に無知なことか。彼らは攻撃的なやり方で、権威主義的で取り残されるような別の国家を望んでいます。

それは違うのです。私たちは自由と民主主義の歴史の上にしっかりと立っています。ハンバッハ・フェスト、（フランクフルトの）聖ポール教会、ワイマール共和国の民主主義、基本法、平和革命。こうした伝統を誇りとし、ユダヤ人の大量虐殺という底知れぬ闇から目をそらしません。この民主主義の歴史の色は（いまのドイツ国旗の）黒、赤、金……団結と正義と自由の色です。私たちの国の3色が追いやられ、虐げられることを許しません」

いまのドイツでは、労働者としての移民に加え、紛争地からの難民への対応が課題だ。大統領は、多様性を認め合い共存することを「この国の特徴である自由の表現」という言葉で示し、それがドイツの「民主主義の歴史」によって培われたことを説明する。

その例として、第1次大戦での敗戦後にドイツ帝国が倒れてできた初の民主制であるワイマール共和国や、第2次大戦後に西ドイツの憲法となり再統一ドイツに継がれた基本法、そしてベルリンの壁崩壊から再統一にいたる平和革命などを挙げた。

その自由と民主主義を象徴するドイツ国旗が、排外的な右翼団体の集会でドイツ帝国旗とともに掲げられるのが、いまのドイツの一面でもある。大統領はそこに警鐘を鳴らすのだ。

東側の疎外感、西側の無関心

大統領の演説は、「再統一から30年、私たちはパラドックスの中にいます」と転調し、再統一が祝福されたはずのドイツの「光と影」へと進む。まず影の部分、なお残る東西格差だ。冷戦に勝利した西側に吸収された、東側の不遇が強調される。

「(再統一による) 変革は東側の人々を打ちのめしました。覆された人生、裏切られた希望、若者が未来を見いだせずその世代が丸ごといなくなった場所という例が多いのです。西側とはまだ大きな賃金格差があります。エルベ川の東でビジネスを立ち上げた大企業は少なく、企業、大学、省庁、連邦軍の幹部に東ドイツ人はまだほとんどいません。私たちは、不遇な環境が世代を超えて続きうることを過小評価してきました。出身が東側か西側かが人生の見通しに関係がなくなるまで、私たちは歩みを止めません」

この東西格差の問題は、私がベルリンで会った旧東ドイツ出身のベアーテ・ヴォンデさんも語っていた。ポーランド国境の街に生まれ、森鷗外記念館で副館長まで務め日独の文化交流を支えてきた。再統一ドイツの将来への不安と旧東ドイツへの郷愁を、彼女は語っていた。

大統領は、そんな東側に対する西側の「無関心」ゆえに、再統一から30年のいまもドイツの歴史はまだひとつになっていないと指摘する。

「私たちはさらに、(東西) ともに成長するということは経済データだけで測れないことに気づきました。完全に社会の一部となり、真に平等な存在だとみなされているという感覚は、給料の額だけでは決まりません。互いに寄り添うように育ち、好奇心を持ち、ライフスタイルや世界観を知り、尊重することは、私たちの義務であり続けています。

(再統一後の) 変革は東側ですべての家族に影響しましたが、西側ではずっと前から経験していたので、(東側への) 無関心を生みました。再統一以来、ドイツで東側のほとんどの人が西側に旅行しましたが、西側の人の2割は東側に行ったことがありません。東側の人が (ドイツ人としての) 自身について話す時、生活に欠かせない西側のことを常に含みます。しかし西側の人の多くは東側のことに一言も触れません。西側の視点はドイツ全体の視点だと取り澄ましています。

東側からの物語は、私たちの共通のアイデンティティーになっていません。再統一から30年経っても歴史の共有という課題は達成されていません。東西どちら側についてであろうと、間違いや不正を開かれた場で議論し、偽りの神話を否定することが必要です」

「民主主義の核心なのです」

そして、自身が西側出身ながら東側で２００９年に連邦議会議員となり、東側の人々の声に耳を傾けてきたという立場から、「この問題は私たちの民主主義の核心なのです」と訴える。

「(旧東ドイツ社会を支えていた)活動が一掃されたことが人々に心の傷を生んだことに議論の余地はありません。私は東側で連邦議会議員を務め、直面し続けています。この問題は私たちの民主主義の核心なのです。人々が常に無視されていると感じ、意見が政治に全く反映されず、将来を築く能力への信念を失う時、その人々に対し無関心では済まされません。私たちのまとまりが崩れ始め、政治への信頼が失われ、ポピュリズムと過激な政党の温床がどんどん育つからです」

取材の旅でもたびたび話題になった、排外的な新興右翼政党が勢力を伸ばしたことへの警鐘だろう。きっかけとしては２０１５年にドイツ政府が大量の難民受け入れを決めたことがよく指摘されるが、その深層に西側の東側に対する「無関心」があるとまで大統領が述べたことは重い。

再統一から30年の「光と影」で、光にあたるのが東側での成功例だ。大統領は「ライプチヒとロストックは（西側の）ルール地域の数都市よりも発展しています。東側の多くの大学や研究機関は世界中から学生や学者を引きつけています。多くの場所でスローガンは『西をまねよう』ではなく、Vorsprung Ost――『東がリードする』になっています」と紹介する。

そして、「東側に由来し、統一ドイツをよりよくしたもののリスト」として、市民参加の意識や地域医療、保育、東欧への深い理解などを挙げ、冷戦下の欧州分断を乗り越えた再統一がもたらした成果を強調。だからこそ「東西の人々の経験を一つにするドイツは、欧州で遠心力が増すいま特に、その中心にある活発な国として特別な役割を果たせます」と語る。

大統領はさらに、コロナ禍だけでなく「古い同盟関係の衰え」、つまりアメリカ・ファーストを掲げるトランプ政権に象徴される内向きな米国の動向まで示唆し、「私たちが過去30年大事にしてきた確かなことの多くが消え去った」と述べる。そして、ドイツが内外から変化を迫られる挑戦に対し「勇敢でなければならない」と国民に呼びかけた。

平和革命で「自由と民主主義」想起を

では、ドイツの国民がそうした行動を起こすためにまとまり続けるには、どんな理念が必要なのか。もちろんかつてドイツ帝国をまとめた「戦闘的ナショナリズム」ではない。取材の旅では、その後に生まれた戦前の民主主義が、ナチズムという最悪の形で再びナショナリズムの台頭を許した経緯と、その教訓を戦後社会が継承しようとする営みを追ってきた。

再統一から30年の節目に大統領が国民に呼びかけたのは、再統一をもたらした平和革命を想起する形での自由と民主主義の追求だった。

「ひとつの提案で締めくくりましょう。平和革命が今日の励ましの源になるのであれば、この勇気を記念する場所を作ろうではありませんか。旧東ドイツでの抑圧的な政権、ベルリンの壁、シュタージ（秘密警察）の数々の留置場を想起する場はすでに多くあり、忘れないことは大切です。しかし、平和革命に関するそうした著名な場はありません。

平和革命は私たちの国が最高潮を迎えた局面の一つであり、ドイツの民主主義の歴史で永続的な場を保っています。私たちはいま、自由と民主主義のための戦いが世界のどこでも勝利を収めるわけではないという痛々しさに直面しています。戦い続けるかどうかは私たち次第です。平和革命家たちの勇気と決意をすべて受け止め、多くの課題に立ち向かう力を引き出しましょう」

この演説では、旧西ドイツ以来の歴代大統領が繰り返してきたナチズムの教訓や、欧州各国を近年揺さぶる難民への対応に関する深い言及はなかった。それは、再統一から30年を祝う式典で暗い話題を避けたということではないだろう。東西格差や、東側の疎外感と西側の無関心という、再統一後のドイツが抱える最大の課題にあえて踏み込んでいるのだから。

再統一後のドイツは、大統領が「私たちが過去30年大事にしてきた確かなことの多くが消え去った」と述べるような波にもまれた。世代交代が進み移民や難民が増える国内に向けそうした困難を乗り越えようと連帯を呼びかけるために、演説の焦点を、多くの国民の記憶に残る1989年のベルリンの壁崩壊に始まる平和革命に絞ったのだろう。

国民というまとまりを、国際社会と調和しながら未来へ導く。そのための理念を近現代史から紡ぎ出す。ナショナリズムの陶冶に努めてきた戦後ドイツの指導者のそんな姿勢は、大統領の最後のこの言葉にも鮮明に表れていた。そして、日本の指導者や私たち国民が、「2020年の日本はどういう国ですか」と問われた時、何を語れるだろうかと考えた。

「2020年のドイツ連邦共和国は、東側と西側のドイツ人、そして先住民と移民からなる国です。1989年に示された理念の勝利から、いつも自己責任は統制に勝利し、自由は抑圧に勝利するという自信を引き出す国です。世界と欧州でいま起きていることを考えれば、1989年の遺産がいまほど大切な時はありません」

エピローグ

ドイツから日本へ

ほぼ曇天で冷えた空の下ながら、2020年2月のドイツでの取材の旅はとても有意義だった。そこで見たものは、近代国家において国民がまとまろうとする気持ちや動きであるナショナリズムを、国民自身が陶冶《とうや》しようと模索する姿だった。

近代国家・ドイツは、第1次大戦後に国民が初めて手にした民主主義の下であるべき姿を追ってナチズムに陥り、国民の選別とホロコースト（大量虐殺）、そして他国を侵略した。その教訓から戦後の民主主義の下では、「人間の尊厳は不可侵」という理念を憲法に掲げた。今回の旅では、その理念を継ごうとする人たちに各地で接することができた。

ただ、その人たち自身が危惧していたように、今後さらに世代が替わり、移民や難民が増え、血縁や地縁からなる共同体においてナチス時代とのつながりがか細くなっていくドイツにおいて、「人間の尊厳」はナショナリズムを陶冶する理念であり続けられるだろうか。

36年前のワイツゼッカー演説

冷戦下の1985年5月8日、統一前の西ドイツの首都ボンの連邦会議場。大統領ワイツゼッカーは「欧州の戦争とナチスの圧政の終結40周年式典」に臨んだ。

その演説は、「過去に目を閉ざす者は現在に盲目だ。非人道的な行為の想起を拒む者は、新たな危うさに染まりやすい」という言葉であまりに有名だ。そして、先に触れたハーナウの連続射殺事件に対するメルケル首相の声明に連なるドイツの指導者の姿勢を示している。

このワイツゼッカー演説に、実はナショナリズムについても大事なくだりがある。

「私たちドイツ人はひとつの民族、ひとつの国民（eine Nation）だ。同じ過去を生きてきた一体感を持っている。1945年5月8日も民族共通の運命として経験し、私たちを結びつけている。平和を願う一体感がある。平和と、すべての国との善隣関係を、（東西）両ドイツの地から広げねばならない。そして他のいかなる国もドイツの地を平和への脅威としてはならない。

　私たち自身を含むすべての人に正義と人権をもたらす平和を願うことで、ドイツ民族は結びついている。国境を越える和解は、壁で隔てられた欧州ではなく、分断が取り払われた大陸においてもたらされる。第2次大戦の終結がそう強く求めている。5月8日がすべてのドイツ人に共通する歴史の最後の日付ではないことを、私たちは確信する」

ドイツのワイツゼッカー元大統領＝1994年、ベルリン。朝日新聞社

　ナチス政権の終焉を、東西に分断されていたドイツ

人の共通の記憶として刻みつつ、「すべての人に正義と人権をもたらす平和」をナショナリズムの理念として確認している。民主主義において国民に何を求めるかを突き詰め、率直に語る、戦後ドイツの指導者の姿勢が表れている。

そして、おそらく本人の意図を超えて今も重みを持つのが、「5月8日がすべてのドイツ人に共通する歴史の最後の日付ではない」という言葉だ。

ワイツゼッカーは、東西両ドイツが再びひとつになる日を、ナチス政権終焉に次ぐ「すべてのドイツ人に共通する歴史の日付」にしようと呼びかけた。それはベルリンの壁崩壊の翌1990年、10月3日に実現したが、ナショナリズムの問題が残った。再統一でひとつの国として歴史のページをめくったドイツは、これから何を目指してまとまるのか。

西側が東側を吸収したドイツの憲法には「人間の尊厳」がいぜん掲げられているが、国内外の変化に揺さぶられている。そんな中で「すべてのドイツ人に共通する歴史」をいかに紡ぐか。

その模索が今も続くことを垣間見たのが、今回の旅だった。

メルケル首相に継がれる意志

帰国から約1カ月経った3月18日、その模索の手がかりになりそうな、メルケル首相の別の演説があった。ドイツでも急速に広がってきたコロナ禍への対応について、ベルリンの首相官邸からテレビを通じて国民に連帯を求めたものだ。

「第2次大戦以来の挑戦」というフレーズが注目されたが、私はむしろ、「私たちは民主主義社会です」という呼びかけに心を動かされた。それはワイツゼッカー演説に通じるものだった。

メルケル首相は、ウイルスの感染拡大を防ぐには集会や移動といった国民の自由が抑制されねばならないことから、「全ての国民が誠実に自分の任務だと考えるなら、この試練の克服は可能です」と呼びかけた。そして、民主主義について説いた。

コロナ問題で2020年3月、テレビ演説でドイツ国民に呼びかけるメルケル首相＝ドイツ政府のサイトより

「私たちは民主主義社会です。私たちの繁栄は、何かをせよと強いられるのではなく、知識を共有し、積極的な参加を促進することによるのです。この歴史的な任務は、私たちがともに立ち向かうことによってのみ果たされるのです」

ここに民主主義とナショナリズムの関係が表れている。近代国家において国民がまとまろうとする気持ちや動きであるナショナリズムは、アメリカ独立戦争やフランス革命を経て主権者としての国民が明確に立ち現れた国民国家で、民主主義によって担われてきた。

国家が何を重んじ、何を目指すかは、その主人公である国民が築くのだ。

メルケル首相はこの演説で、国民に「Wir（私たちは）」と呼びかけた。そしてコロナ問題の克服を「民主主義社会」としての「私たち」の目標として国民に示した。その上で、国民が「歴史的な任務」として乗り越えるべき「第2次大戦以来の挑戦」と表現したのだった。

その表現はドイツにおいて、ナチズム以来の試練という意味を持つ。いずれも深刻な危機ではあるが、伝染病への対応に関し、明らかに異質なナチズムを想起させるこの表現は、単に国民へのインパクトを狙ったものだろうか。

今回の旅で、ナチズムと戦後についてドイツの人たちとじっくり語り合えた私には、とてもそれだけとは思えなかった。

民主主義がナチス独裁を生み、ナショナリズムが暴走した過去を忘れぬ姿勢が、この演説にもにじんでいた。コロナ禍の克服に社会の連帯が欠かせないと訴える次のくだりだ。

「このウイルスは誰にでも感染しますから、私たち一人ひとりが対応せねばなりません。何よりもまず、いま何が大切かを真剣に考えてください。パニックには陥らず、しかしあの人たちは関係ないと一瞬たりとも考えないでください。誰も犠牲になってはいけない。誰もが大切にされるべきであり、私たちは一体となって努力することが必要なのです」

民主主義社会としての国民国家がコロナ禍を克服するには、「私たち」の自発的な連帯が欠かせない。しかもその連帯は全体のために一部に犠牲を強いるものではなく、一人ひとりの行動を、一人ひとりを守ることにつなげるものでなければならない。

ナチス政権は、選ばれた民族としてのドイツ人の生存と繁栄を唱え、ユダヤ人など少数派を徹底的に排除し、力で他国を侵略して収奪した。多くの市民は当時、無抵抗だった。

メルケル首相はこの演説で、ナチズムという言葉を全く使っていない。それでも、彼女が「あの人たちは関係ないと考えないで」「誰も犠牲になってはいけない」と強調し、コロナ禍の克服を国民の「歴史的な任務」と説く時、ナチズムを黙認した過去の上にドイツの再生に努めてきた人々には、二重の重みをもって響いたことだろう。

ナチズムというナショナリズムの最悪の形を体験した国民が、その教訓をもって、民主主義においてナショナリズムを陶冶し、「私たち」の国を象《かたど》っていく。そんなドイツの実直な意志を、メルケル首相の訴えは体現していた。

ドイツのナショナリズムを陶冶してきた「人間の尊厳」という理念は今、混沌を深める世界と国民国家との関係において揺らいでいる。紛争や貧困による難民や移民に加え、まさにこのコロナ禍においてだ。

こうした世界規模の危機は、ナショナリズムと相性が悪い。領域内で強制力を持つ国ごとに対応が仕切られるため、各国で国民の間に、「私たち」と、そうでない「彼ら」という意識が強まりがちだ。そこに理念なきナショナリズムが共鳴すれば、排外主義へと傾きかねない。

特にコロナ禍には、国の壁を越える移動の自由を妨げ、心の壁を高めかねない怖さがある。

トランプ米大統領は「中国ウイルス」と批判し、中国の習近平国家主席は「共産党指導の優位性」が封じ込めに生きたと誇った。欧州の首脳らは「第2次大戦以来」の危機と国民を戒めた。どの国も内向きの安定に腐心し、壁は高まっている。

その壁を乗り越える理念として、ドイツにおいては、ナチズムの教訓を上書きする形で「人間の尊厳」を改めて選び取れるかどうかなのだろう。メルケル首相は2021年秋に引退し長期政権の幕を引く。だが、その理念は継がれるはずだ。ナショナリズムを陶冶するドイツの営みを今回の旅で目の当たりにした私は信じる。

もちろん同じ事は世界中で問われている。国民自身が、「私たちがまとまろうとするのは、何のためなのか。それは独善に陥っていないだろうか」と問い続けねばならない。その努力を怠れば、排外主義という理念なきナショナリズムの奈落が待つ。

最後に、自分自身が国民として属する、日本に立ち戻る。

ドイツと日本の民主主義の違い

ドイツを旅して、日本と比べる際に気をつけねばと実感したことがある。民主主義とナショナリズムの関係だ。ドイツでは第1次大戦敗北で帝政が終わって民主主義を築いただけに、そこからナチス政権を生んだ教訓は重い。だが日本の歴史は異なる。

二百数十藩を数えた日本は明治維新を経て近代国家としてまとまるが、欧米列強に抗すべく一部の藩が主導し天皇を戴く形だった。「万世一系ノ天皇」が世襲により統治し、国民はその下にある「臣民」とする憲法ができた。

国民がまとまろうとするナショナリズムは、戦前の日本では天皇を中心に国民全体を家族に擬す「国体」の維持へと傾いた。教育で「忠君愛国」が徹底され、力の限られた議会は迷走し、軍が天皇の統帥権を盾に独善を正当化した。ドイツのように民主主義が独裁に陥ってナショナリズムが暴走したわけではない。

敗戦で日本とそのナショナリズムはさらに複雑な状況に置かれた。米国を中心とする占領下で新憲法が生まれ、国民は主権を手にしたが、天皇も国家と国民統合の象徴として存続した。民主主義でナショナリズムを陶冶するのは国民だ。どんな理念を重んじる国を目指すのか。それは人権や国際協調を軽んじていないか。政治家の言葉と行動を吟味し、自分たちの代表として投票で選び、国を象らねばならない。

ドイツでは排外主義を唱える政党の勢いに揺れながら、民主主義がナチズムを生んだ教訓という原点に戻ろうとする人々がいた。だが、日本ではそうした意味でのナショナリズムはあまり意識されてこなかった。敗戦は民主主義の失敗としての教訓に乏しく、国民を巻き込んだ革命や独立運動で民主主義を手にしたわけでもないからだ。

日本のナショナリズムは、理念よりも愛国心と混ざり合う。その情念は明治から培われ、戦後も天皇が象徴として存続しただけに根強い。かつての「忠君愛国」と敗戦をつなぐ記憶が薄れゆき、愛国心の発露にためらいがなくなるほど、国民が国を象り陶冶するという、本来のナショナリズムからはますます遠ざかる。

戦前の軍国主義を支えた「日本の旧ナショナリズムの役割」を、日本政治思想史の泰斗、丸山真男は東大教授当時の1951年の論考でこう述べている。

「一切の社会的対立を隠蔽もしくは抑圧し、大衆の自主的組織の成長をおしとどめ、その不満を一定の国内国外の濆罪羊《スケープゴーツ》（筆者注：生け贄の山羊たち）に対する憎悪に転換することにあつた」（『日本近代史叢書（1）日本のナショナリズム』河出書房 1953年）

戦後の日本では、国政選挙の投票率が下がり、無党派層が増えてきた。最近では安倍晋三氏が首相として「私たちの手で憲法を」と改憲を唱え続けた。敗戦後の占領下で連合国軍総司令部（GHQ）が草案を書いた過程を安倍氏は問題視したが、それは本来のナショナリズムを追う営みのように見えて、理念よりも愛国心で浮き立っていた。

民主主義を手にしたはずの日本に、丸山の言う「旧ナショナリズム」は根強い。

終戦記念日の靖国神社へ

その安倍氏が2020年9月19日、7年ぶりに靖国神社を参拝した。健康問題を理由に首相を退いた3日後、「退任したことをご英霊にご報告いたしました」とツイッターに投稿。感謝と歓迎のリプライが続々と寄せられた。安倍氏はちょうど1カ月後にも再び参拝した。

皇居近くに靖国神社の前身ができたのは1869(明治2)年。明治維新での内戦、戊辰戦争で新政府軍に出た死者を慰霊するため明治天皇が設け、10年後に「靖国」と名づけた。以来、第2次大戦に至るまでに日本が重ねた戦争において、「国を守るために尊い命を捧げられた246万6千余柱の方々の神霊」が祀られている。

近代国家による戦争で命を失った自国民を悼む営みは、日本では敗戦まで国家神道によって担われ、靖国神社はその中心だった。戦後、靖国神社は国家管理から一宗教法人となってその営みを続け、戦後75年になっても遺族に限らず多くの日本人が戦没者の追悼に訪れている。

国民がまとまろうとするナショナリズムにおいて日本で存在感を示し続ける靖国神社を、私は安倍氏の1カ月前、終戦の日の8月15日に訪れていた。全国で戦没者追悼式典が行われるこの日に、靖国神社の理念と、今の雰囲気を確かめておきたかったからだ。

靖国神社は、「靖国」とは「祖国を平安にする」という意味だと説く一方で、その目的を「国家のために一命を捧げられた人々の霊を慰め、事績を後世に伝えることにある」とする。その趣旨を体現するのが、境内にある展示施設「遊就館」だ。

コロナ禍と35度を超す猛暑でも、拝殿への参拝者は長い列を作り、遊就館にも多くの人が訪れていた。〝拝観料〟は大人1千円、小学生以下無料。最初の展示室「武人のこころ」の中央に「元帥刀」が光る。旧日本軍で元帥と呼ばれる秀でた大将たちに天皇が送った刀だ。

周りにはその「こころ」を歌ったとされる和歌が6首、英訳とともに掲げられ、江戸時代の国学者・本居宣長《もとおりのりなが》の「敷島のやまと心を人問はば　朝日に匂ふ山ざくら花」もあった。

明治、大正、昭和の歴代天皇の像や軍服が並ぶ特別陳列室を過ぎると、日清戦争以降の戦史が、奉納された兵士の遺品とともに展示されていた。その半分が「大東亜戦争」に割かれ、真珠湾攻撃以降の展開が、宣戦布告や戦果を一面トップで報じる朝日、読売などの全国紙を添えて詳細に語られる。戦局の悪化につれ兵士の遺書も目立ってくる。

そして終盤、「敷島の――」の和歌が再び現れる。1944年、米艦隊に対する神風特別攻撃隊の創設時の4隊、「敷島」「大和」「朝日」「山桜」の名が、この和歌から取られたからだ。

私が靖国神社の理念を最も強く感じたのが、この特別攻撃（特攻）の説明だった。

「特別攻撃とは組織的『必死』の体当たり攻撃で、大きく分けて爆装航空機による航空特攻と、人間魚雷『回天』による水中特攻、爆装小型艇による水上特攻などがある。いずれも『七《しち》生報国《しょうほうこく》』といった、わが国古来の霊魂不滅の死生観と武士道精神に支えられ、国家、民族の存亡の危機に際して表出した壮絶な戦法であった」

国民を総動員する近代国家の総力戦において、自殺攻撃を「わが国古来の霊魂不滅の死生観と武士道精神」に結びつける。近代国家において国民がまとまろうとするナショナリズムを、近代以前の古来から続く「わが国」を守るのだという意識に重ね合わせる。

そこには、19世紀末に立ち上がった近代国家・日本の姿が現れている。「万世一系の天皇」による統治を「国体」とし、ナショナリズムが動員された日本。ナショナリズムを導く理念を国民自身が模索する民主主義を敗戦で手にすることになる前の日本だ。

そして今も、靖国神社には多くの国民が訪れ、近代国家・日本の第2次大戦にかけての戦没者である「靖国の大神」を拝んでいる。特攻機に使われた型の爆撃機や人間魚雷も置かれた遊就館で戦史をたどりながら、「英霊のみこころやご事績を今に伝える」という展示に見入っている。

安倍氏の著書（『新しい国へ』文春新書　2013年）にも、同様の価値観が示されている。「ナショナリズムとはなにか」という章の締めくくりで「特攻隊の若者たち」に触れ、「死を目前にした瞬間、愛しい人のことを想いつつも、日本という国の悠久の歴史が続くことを願ったのである」と説く。そして、「戦後生まれのわたしたち」にこう呼びかける。

「たしかに自分のいのちは大切なものである。しかし、ときにはそれをなげうっても守るべき価値が存在するのだ、ということを考えたことがあるだろうか」

日本のナショナリズムの可能性と危うさ

靖国神社と、ドイツの国立追悼施設の違いを痛感する。ベルリンの目抜き通りに面した神殿風の建物ノイエ・ヴァッヘの中心には、「死んだ息子を抱く母」の像がぽつんとあり、国内外から訪れた人たちが立ち寄って静かに見つめていた。像の前の床には、ドイツを守ろうとした戦没者だけでなく、広く「戦争と暴力支配の犠牲者のために」と記されている。

近代国家・ドイツは20世紀初めに民主主義をいったん手にした後、大量虐殺と周辺国への侵略を行ったナチズムを生んだ。敗戦後、国立追悼施設で誰を悼むのかという議論は、過去にどう向き合うかという世代間の葛藤も絡み、冷戦で分断された西側で延々と続き、東側を吸収した統一後の１９９３年に今の形にたどり着いた。

隣でノイエ・ヴァッヘを管理する国立ドイツ歴史博物館では、戦前の選挙でのナチスの躍進から独裁政権の暴走へと、ナショナリズムが排外主義に陥る経緯が詳細に語られている。

同じ敗戦国でも、ドイツと違って戦後に民主主義を手にした日本のナショナリズムには、可能性と危うさがあるのではないか。二つの追悼施設を比べ、私はそう考えた。

日本では、戦前は主権者ではなかった国民は戦争責任を問われにくい。戦前に距離を置いて向き合うことができ、教訓をくみ取りやすい。その教訓をナショナリズムを導く理念とし、戦後日本の主人公として社会を築ける可能性が広がっている。その営みの土台として、国民主権、平和主義、基本的人権の尊重を掲げた戦後憲法が一度も改正されず存続している。

だが、ナショナリズムは近代国家と表裏一体であり、国民を総動員する戦争すら可能にしたというそもそもの認識が国民に乏しければ、ナショナリズムの陶冶に努める営みは社会に根付きにくい。日本では、国民が主権者ではなかった戦前への距離感から、戦後にナショナリズムを導く理念を紡ぐ主人公となったはずの国民自身の責任感が薄れやすい危うさもある。

そして、「理念なき日本」へ傾いていくとしても、近代国家の産物である国民をまとめようとするナショナリズムからは逃れられない。二度の大戦を経て世界に広まった基本的人権や国際協調といった価値観や、それを体現する戦後憲法を土台に、日本は何を目指すのか。国民自身によるそうした理念の模索が滞る時、国民というまとまりに愛国心が滑り込む。

　近代国家の運営にナショナリズムを導く何かが必要だとすれば、日本には遥か昔から、戦前戦後にまたがって培われてきた共同体がある。その日本を愛し、守る気持ちがあれば、国民は今後もまとまっていける——。

2020年の終戦の日、多くの人が参拝に訪れた靖国神社

　靖国神社と遊就館には、そんな愛国心に貫かれた日本が表れている。日本の「こころ」を歌う江戸時代の本居宣長の和歌は、そこから部隊の名を取った第2次大戦の神風特攻隊につながる。明治維新以降の戦没者が神として祀られ、今も終戦の日の慰霊に参拝者が長い列をなす。

　戦後75年にこうした形で愛国心が発露しているのも、日本という国なのだ。

　近代国家において国民がまとまろうとする気持ちや動きであるナショナリズムを、戦後は民主主義において国民が陶冶する立場になった。だが今もなお、多くの人たちはナショナリズムを扱いかね、自分たちはどのような理念を目指せばよいのかと戸惑っているように思える。

象徴天皇のあり方が問われた近代国家・日本で初の生前譲位を2019年に経ても、答えは出なかった。戦後に象徴となった天皇は、一体何を象徴しているのか。今を生きる私たち国民がともに目指すべき理念なのか。それとも、近代国家を超える悠久のまとまりなのか。

「天皇は、日本国の象徴であり日本国民統合の象徴であって、この地位は、主権の存する日本国民の総意に基く」という戦後の日本国憲法第1条は、日本のナショナリズムを陶冶する理念について、何も語ってくれない。

改憲を唱え続けた安倍首相は、2020年1月の施政方針演説でも「国のかたちを語るもの、それは憲法です」と訴えたが、愛国心で浮き立ったまま理念を語れなかった。その春の朝日新聞の世論調査では改憲論議を「急ぐ必要はない」という答えが7割を超え、安倍氏は8月末の辞任表明会見で「残念ながら世論が十分に盛り上がらなかった」と悔やんだ。

国民というまとまりを導く理念を、人権侵害と排外主義を避けつつ国民自身が探る。その代表となる政治家が理念を語り、選挙を通じて国を象る。ドイツの旅で垣間見た、ナショナリズムを陶冶するそんな民主政治の回路の不在を、安倍氏の理念なき改憲論の空転は示した。

後継となった菅義偉首相の10月の所信表明演説を、私は衆院本会議場で聞いた。菅氏は原稿に目を落としながら、「私が目指す社会像は、自助・共助・公助、そして絆です。（中略）国民のために働く内閣として改革を実現し、新しい時代をつくり上げて参ります」と締めくくった。

コロナ禍に象徴される不透明な時代にあって原点に返るかのような主張だが、ナショナリズムを陶冶する理念としては無色透明に過ぎる危うさもある。日本の「新しい時代」とは何なのか。それを担う私たち国民自身が、答えを探さねばならない。

あとがき

ナショナリズムと聞いて、怖い・危ないと思うか、当然のことと思うか。いずれにせよそこで思考が止まってしまうと話が進まない。それはまずいのではないか。ナショナリズムとは、近代以降に現れた国家が創造した国民というまとまりを保とうとする営みなのだ。その営みが迷うことなく、一人ひとりの人間の幸福と諸国家の共存の実現へと向かっているか。それは国民である私たち自身によって、常に問い直されねばならないのではないか――。

そうした思いを「ナショナリズムの陶冶《とうや》」という言葉に託し、この本で問いかけさせていただいた。日本に続きドイツを歩いたが、取材と同様に私の頭の中も旅の途中であり、おそらくすっきりされないであろう読後感については読者の皆様に申し訳ない。ナショナリズムを我が事としていただき、これからも一緒に考えていただければ望外の喜びである。

主に日本政治を取材してきた中で長年気になっていたテーマだが、日々の出来事を追っては伝える一介の記者には巨大だ。姜尚中・東京大学名誉教授には日本で取材を始めた頃から、原口健治・青山学院大学名誉教授にはドイツ出張にあたり、得がたいご指導をいただいた。

ドイツ出張では、岡裕人・フランクフルト日本人国際学校事務局長と、ベルリン在住の翻訳家・円賀貴子さんに大変お世話になった。ドイツを初めて旅する私の取材の順調な運びは、お二人の温かいご支援なしにはありえなかった。

この本は朝日新聞で書いてきた記事の結晶だ。「ナショナリズム」の企画やドイツ出張ではGLOBE編集部に、日本やドイツに関する連載では夕刊企画編集部や論考サイト「論座」編集部に支えられた。書籍化にあたっては朝日新聞出版の松岡知子さんにご尽力いただいた。

そして何より、取材先で出会った方々に改めてお礼を申し上げる。ドイツの人たちが日本人の私に対し、ナショナリズムという取材の趣旨を理解し、ナチズムや東西分断という苦難の現代史に向き合う葛藤を誠実に述べてくれた姿勢には、心を洗われる思いがした。

コロナ禍で、ドイツでも日本でも歴史を学ぶ場を訪れる人が減っている。人々が不安に心を乱されずに歴史を捉え、ナショナリズムと向き合える日々が早く戻ることを切に願う。

最後に、日頃支えてくれている妻と息子、娘、京都から体を気遣ってくれる母と、亡き父に感謝し、この本を捧げたい。

ドイツの旅から1年になる2021年2月　千葉・浦安の自宅にて

朝日新聞編集委員・藤田直央

本書は、朝日新聞の論考サイト「論座」に2019年4月から2020年12月まで連載された「ナショナリズム　日本とは何か／ドイツとは何か」をベースに加筆して再構成しています。

本文に掲載の年齢や肩書は、取材当時のものです。

藤田直央（ふじた・なおたか）
1972年京都府生まれ。京都大学法学部を卒業し、朝日新聞で主に政治部に所属。米ハーバード大学客員研究員、那覇総局員、外交・防衛担当キャップなどを経て2019年から編集委員（日本政治・外交・安全保障）。著書に『エスカレーション 北朝鮮 vs. 安保理 四半世紀の攻防』（岩波書店）があるほか、朝日新聞の論考サイト「論座」やwithnewsに連載。

朝日選書 1018

ナショナリズムを陶冶する
ドイツから日本への問い

2021年2月25日　第1刷発行

著者　藤田直央

発行者　三宮博信

発行所　朝日新聞出版
〒104-8011　東京都中央区築地 5-3-2
電話　03-5541-8832（編集）
03-5540-7793（販売）

印刷所　大日本印刷株式会社

Published in Japan by Asahi Shimbun Publications Inc.
ISBN978-4-02-263105-3
定価はカバーに表示してあります。

落丁・乱丁の場合は弊社業務部（電話 03-5540-7800）へご連絡ください。
送料弊社負担にてお取り替えいたします。